中小企業と小規模事業者の

BCP 第2版

Business Continuity Plan

導入マニュアル

事業継続計画策定ですべきことがわかる本

ITコーディネータ・防災士

阿部裕樹 [著]

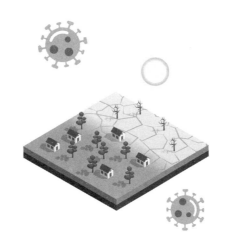

中央経済社

はじめに

　近年，我が国では地震（津波含む）並びに，台風・大雨による洪水等，たび重なる災害により甚大な被害を受け，企業の事業継続が困難になるリスクが益々高まってきています。政府はこの10年，企業に対して，事業の継続を目的とした事前対策を計画しておくBCP（Business Continuity Plan：事業継続計画）の導入を推奨してきました。

　しかし，中小企業・小規模事業者においては，BCPの導入がなかなか進まない状況が続いています。その最大の理由として，中小企業白書の調査結果では「策定に必要なスキル・ノウハウがない」が筆頭に挙げられています。

　BCPの書籍は多数，存在しますが，小さい会社が取り組むにあたり，ちょうど良い参考書籍が見つからない。このような課題を解決したいと考え，中小企業・小規模事業者の皆様がBCP策定に役立てる実践的なマニュアルという位置付けで2020年2月に本書 第1版を発刊しました。おかげさまで多くの方にご利用頂きあっという間に売り切れとなり，この度，第2版を増刷することになりました。この場を借りて，ご購入頂いた読者の皆様，そして関係者の皆様に改めて感謝申し上げます。

　第1版を刊行した2020年以降，コロナ禍により多くの会社が事業継続において大きなダメージを受けました。BCPは自然災害だけでなく，感染症に対する備えとしても対策が必要であることを私たちは痛感しました。そこで，第2版では，事業継続に大きく影響する感染症についての要素も盛り込みました。

　本書は，地方の温泉旅館の経営者が筆者の支援を得ながらBCPを策定

していくプロセスを，ストーリー仕立てにして解説しています。また，本書では，「ミッション」として読者の皆様の会社の計画を立てる課題も盛り込んでいます。読み進めていくなかでBCPの本質を理解頂けるのはもちろん，読了後にはBCPの初期構築版が完成することができるでしょう。

　筆者は日頃，IT経営とBCP策定を支援する専門家として北海道全域で活動しています。本書の第1版を発刊してからは，全国からセミナーのお声がけや執筆依頼も頂くようになりました。大変スローペースではありますが，地域社会においてもBCPの普及が少しずつ進んでおり，広く認識されるようになってまいりました。

　本書を活用することで，中小企業・小規模事業者の皆様が自社の強靭化を図り，「攻めの経営」と「守りの経営」の両輪が充実することで企業としての付加価値も向上し，結果的に地域全体の活性化と強靭化に寄与することができれば，筆者として，これほどうれしいことはありません。

　さあ，災害とコロナ禍に負けない強い社会を一緒に作っていきましょう！

2023年1月

ITコーディネータ・防災士　阿部　裕樹

目　次

3　　はじめに

8　　強靭度チェック

第1章　基本方針の立案
——何のために策定するのか

14　1　BCP は経営戦略そのもの

20　2　BCP 策定と運用の考え方

28　3　自社の社会的価値を再確認

　　35　ミッション1

36　4　我が国の中小企業強靭化計画

第2章　中核事業・重要業務の検討
——やることとやらないことの整理

46　1　中核事業とは

　　53　ミッション2

54　2　中核事業と重要業務

　　60　ミッション3

61　3　重要業務に必要な経営資源

　　79　ミッション4

第3章　被害状況の確認
──我が社がかかえるリスク

82　1　我が社を取り巻く自然災害等は何か
　94　ミッション5
95　2　災害等による影響を想定する
　106　ミッション6

第4章　事前対策の実施
──少しずつ強靱化を進める

108　1　「人」の対策の検討
117　2　「物」の対策の検討
123　3　「情報」の対策の検討
129　4　「金」の対策の検討
133　5　「その他」の対策の検討
　137　ミッション7

第5章　緊急時の体制の整備
──いざという時の段取りを準備

140　1　初動対応の整備
　156　ミッション8
157　2　社内体制の整備
　169　ミッション9

第6章　BCP の運用
——役立つ BCP に育てる

172　1　BCP の定着

180　2　BCP の見直し

　　　183　ミッション10

184　エピローグ

186　【巻末】BCP の書式

強靭度チェック

　まず，ウォーミングアップから開始します。皆様の会社の「強靭度」を
チェックするところから始めましょう。BCPでは非常時の対策を「人」
「物」「金」「情報」「体制等」の分類でそれぞれ行っていきます。

　以下のチェック項目は，中小企業庁で提供されている「BCP取組状況チ
ェック」になります。まずは，その項目をひととおりチェックしてみましょ
う。「はい」は「○」，「いいえ」は「×」を付けてください。読者の皆様
はBCPの導入はまだこれからなので，できていなくても気にする必要は
ありません。軽い気持ちで取り組んでみてください。

区分	質　問	チェック
人的資源	緊急事態発生時に，支援が到着するまでの従業員の安全や健康を確保するための災害対応計画を作成していますか？	
	災害が勤務時間中に起こった場合，勤務時間外に起こった場合，あなたの会社は従業員と連絡を取り合うことができますか？	
	緊急時に必要な従業員が出社できない場合に，代行できる従業員を育成していますか？	
	定期的に避難訓練や初期救急，心肺蘇生法の訓練を実施していますか？	

物的資源（モノ）	あなたの会社のビルや工場は地震や風水害に耐えることができますか？ そして，ビル内や工場内にある設備は地震や風水害から保護されますか？	
	あなたの会社周辺の地震や風水害の被害に関する危険性を把握していますか？	
	あなたの会社の設備の流動を管理し，目録を更新していますか？	
	あなたの会社の工場が操業できなくなる，仕入先からの原材料の納品がストップする等の場合に備えて，代替で生産や調達する手段を準備していますか？	
物的資源（金）	1週間又は1か月程度，事業を中断した際の損失を把握していますか？	
	あなたは，災害後に事業を再開させる上で現在の保険の損害補償範囲が適切であるかどうかを決定するために保険の専門家と相談しましたか？	
	事前の災害対策や被災時復旧を目的とした融資制度を把握していますか？	
	1か月分程度の事業運転資金に相当する額のキャッシュフローを確保していますか？	
物的資源（情報）	情報のコピーまたはバックアップをとっていますか？	
	あなたの会社のオフィス以外の場所に情報のコピーまたはバックアップを保管していますか？	
	主要顧客や各種公共機関の連絡先リストを作成する等，緊急時に情報を発信・収集する手段を準備していますか？	
	操業に不可欠なIT機器システムが故障等で使用できない場合の代替方法がありますか？	

体制等	あなたの会社が自然災害や人的災害に遭遇した場合，会社の事業活動がどうなりそうかを考えたことがありますか？	
	緊急事態に遭遇した場合，あなたの会社のどの事業を優先的に継続・復旧すべきであり，そのためには何をすべきか考え，実際に何らかの対策を打っていますか？	
	社長であるあなたが出張中だったり，負傷したりした場合，代わりの者が指揮をとる体制が整っていますか？	
	取引先及び同業者等と災害発生時の相互支援について取り決めていますか？	

（出典）中小企業庁ホームページより

いかがでしたか？

それでは○のついた個数を数えて診断結果を見てみましょう。

● 「○」が0〜3個の方

　今，緊急事態に遭遇したら，あなたの会社の事業は長期間停止し，廃業に追い込まれるおそれが大です。本指針に沿って，一からBCPの策定・運用に取り組んでください。

　早急にできることから始めてください。

● 「○」が4〜15個の方

　緊急時に備える意識は高いようですが，まだまだ改善すべき点が多いといえます。

　本指針に沿って，実践的な BCP を策定し，平常時から運用を進めることが必要です。

● 「○」が 16 個以上の方
　あなたの会社では，BCP の考え方に則った取組みが進んでいるようです。
　本指針に沿って，会社の BCP をチェックし，より強力なものとすることが望まれます。

（出典）中小企業庁ホームページより

　おそらく，大部分の方は，○が 3 個以下で愕然としていることでしょう。

「何だって？　"廃業に追い込まれる"とは，のっけからずいぶんじゃないか！」

　でも，安心してください。

　本書の手順に従って，BCP の策定に取り組むことで，16 個以上の○がつくことを保証します。

　ここでチェックしたことで，BCP とはおよそ，どんな取組みなのか少しイメージして頂けたと思います。ウォーミングアップもできたところで準備は既に整いました。
　さあ，これから BCP 策定を開始していきましょう！

基本方針の立案

― 何のために策定するのか ―

　基本方針の立案は BCP 策定にあたり，最も重要な入口となります。計画策定時，対策実施時，災害発生時，判断に迷ったら従業員全員が，この基本方針に立ち返ることで，「あるべき姿」を実現することができます。

1 BCP は経営戦略そのもの

出会い・そして始動

　筆者 は IT コーディネータ（IT 経営の専門家）として，北海道全域の支援機関（商工会議所・商工会）において中小企業と小規模事業者の経営支援を行っています。2022 年 8 月 1 日の朝，お世話になっている商工会の経営指導員の方から電話がありました。

　その趣旨は「当会の会長 の会社が BCP を策定したいと考えている。地方で温泉旅館を経営している会社なのだが 2018 年の北海道胆振東部地震による影響でひどい目にあったとのこと。当該商工会では今年度（2022 年度），北海道知事から事業継続力強化支援計画の認定を受ける予定があり，町と連携して地域の事業者の強靭化を図っていく必要がある。会長としては地域で先陣を切ってBCPに取り組み，今後，この温泉街全体の強靭化を図っていきたいと考えているらしい。そこで，BCPの策定にあたって専門家の支援を希望したい」ということでした。翌日，筆者は話を伺いに，その会社（**株式会社 ふるさと温泉旅館**，本書でモデルとする企業は北海道の温泉地域で旅館を経営する架空の会社です）を訪問しました。

> ### 株式会社 ふるさと温泉旅館の概要
> 　企業概要は以下のとおりです。
> ・名称：株式会社 ふるさと温泉旅館
> ・代表取締役：強靭 太郎（60 歳）
> ・創業：70 年
> ・資本金：1,000 万円
> ・従業員：40 名（パート含む）

- 売上高：5億円
- 客室数：60室
- 事業内容：宿泊，日帰り温泉，レストラン，宴会，売店，レジャー等

　とりあえず，BCPの策定を自力でやってみようと思い，書籍を数冊，購入して読んでみたが，リスクに関連する専門用語が出てきてなかなか難しい。

　言っていることは何となく理解できるが，いずれも抽象的で，結局，何をどうしたら良いのかわからない。策定の手順や書式についてもバラバラで混乱した。それでインターネットで調べたら，中小企業庁のホームページで「中小企業BCP策定運用指針」を見つけたので，我が社の規模ではこれが適当と考え，当該指針を参考に取り組むことにした。本指針では入門コースから，基本，中級，上級コースとステップアップしていくようだ。

　我が社では，毎年，防災訓練はしているものの，BCPについての知識は皆無の状態からのスタートだったので，まずは入門コースから開始することとした。

　早速，ホームページから書式をダウンロードして，丸1日かけてサンプルを参考に書式を埋めてみたが，なんだかどの会社がやっても似たようなものができそうで，あまり実効性のあるものとは思えないんだよ。

　ここだけの話だが，正直，実はBCPと防災との違いもあまり理解できていなくてね。最近は中小企業も強靱化を図るべく，国の指導もあるようだが，町内では商工会の会長という立場もあり，何としても今年中にBCPを策定して，地域全体の強靱化を図っていきたいと考えているので，どうか，ご指導頂きたい。

まず，最初に BCP は全社で取り組むものであることを理解してください。経営的な判断が入るため，社長が陣頭指揮を取ることは必要条件ですが，社長ひとりで，しかも短期間で作成できるものではありません。

　会長の会社が中小企業庁の「中小企業 BCP 策定運用指針」を参考資料として選択したのは正解だと思います。世の中にはたくさんの BCP に関連する書籍が出回っていますが，それらの書籍は大企業から中小企業までを網羅しようという意図で書かれているため，**「帯に短し，たすきに長し」**というところが実情です。ましてや，小規模な事業者では，「これは我が社でやることではないな～」と最初からあきらめてしまう内容も多いです。

　なお，「中小企業 BCP 策定運用指針」の入門コースは BCP の全体像をシンプルに把握するには良い教材ですが，これを自社ならではの内容にカスタマイズし補足情報をうまく反映していくことが実効性のある BCP とするポイントと言えます。これから 2 か月程度での完成に向けてご支援しますので，まずは BCP の初期構築版の策定を目指して頑張りましょう。

BCP とは何か

　それでは，会長，本日は基本からまいりましょう。まず最初に，BCP はどのようなものと認識されてますか？　防災との違いはどのようにイメージしているでしょうか。

防災は何より大事な人命の安全，そして財産の保全を行う取組みだ。
　一方，BCPはこれを会社に適用するイメージかな。それと，従業員がいないと会社は回らないから，会社をつぶさないために，さまざまな安全対策を実施していくことかな。我が社では飲食料の備蓄に加え，防災グッズをいろいろとそろえ始めたよ。

　では，従業員の人命さえ助かったら，また，自社（建物・設備）さえ無事だったらそれで安心でしょうか。
　会社には顧客を始め，多くのステークホルダー（利害関係者）が存在していますし，事業の運営は多くの関係者と連携しながら進めていますよね。BCPの策定の際には，従業員，株主，取引先，金融機関，組合，地域等も併せて考慮していくことが必要です。

　確かに。言われてみれば，これまでは社内のことしか目を向けていなかったな。

　まず最初に，なぜ，BCP "BCPとは日本語に訳すと**事業継続計画（Business Continuity Plan）**と言いますが，頭文字を取ってBCPという略称の方が一般的です" を策定する必要があるのかを明確にしましょう。
　皆様は，BCPとは企業防災のようなものとイメージしていないでしょうか？　筆者はBCPは防災というよりは，むしろ**経営戦略**という性格のほうがより強いと考えています。実際，セミナー終了後，ほとんどの方か

ら「BCP について誤解していた」,「イメージとかなり違っていた」という感想を頂きますが, この誤解が中小企業・小規模事業者において BCP が普及しない根本的な理由と言えるかもしれません。BCP の自社にとっての意義と必要性が正しく理解されていないため, ついつい先送りになってしまい, 無期限に延期されるという結果となってしまいます。

　BCP と防災の区別が明確でない方は今でもかなり多く見受けられます。防災は人命・財産の被害を防ぐ取組みで, 例えば, 建物や設備の耐震性, 耐火性強化や避難訓練, 飲食料, 毛布等の備蓄といった対策が主な内容となります。

　対して, BCP は事業に関わるリスクを踏まえて, より広い範囲が対象となります。事業者の場合は, たとえ人や建物が無事だったからと言って決して安心していられません。人や建物が無事でも事業存続の危機に陥るケースは十分起こりえます。

　つまり, BCP の場合は人命・財産に加えて, 株主, 取引先, お客様, 社員といった**ステークホルダー**の不利益を最小限に抑える視点が必要となります。つまり, より経営的要素が濃くなってくると考えてください。

　ところで, 今般のコロナ禍では多くの企業が甚大なダメージを受けました。感染症の場合, 物は壊れないし, 電気やネットも普通に利用できますが, 一番重要な人の動きが大きく制限されます。非常時という意味では災害以外に感染症の流行も事業継続を脅かす重大なリスクと位置付ける必要がありそうです。

　BCP を策定することは顧客や取引先にも安心感を与えます。そして, 地域貢献できる準備が整い, 企業の**社会的責任（CSR）**という観点でもより一層, 信頼度が上がります。従業員も安心して働くことができ, 風通しの良い企業風土も醸成され, 従業員の定着率が上がるだけでなく, 良い人材

の確保も可能となります。

　社外からの目線で自社を見てみましょう。もし，あなたがお客様だったら，BCP のある強靭な会社と BCP のない脆弱な会社のどちらを取引先として選びますか？　求人募集に応募するとしたらどちらを選びますか？　答えは明白です。求人難の昨今の現状を見ても，この差は決して無視することはできません。

　BCP の完成した成果物は，わずか数十ページの文書にすぎません。この数十ページの文書を作成するにあたり，社員を交えて活発な意見交換を行い自社の課題を共に解決していくという過程にこそ重要な意味があります。社員が自社の生き残りを主体的にとらえ，戦略的に検討するなかで会社への帰属意識がより一層高まっていくからです。

　もうひとつ，重要なことがあります。BCP は非常時だけのものではありません。平時からの継続的な取組みのなかで業務改善にもつながっていきます。

　平時においても，小さなリスクは常にあります。その小さなリスクが現実化した際，あらかじめ想定していた準備が有効に機能します。さらには事業承継を予定している場合，後継者をメンバーの中心に据えることで，会社の事業と業務全体が把握できるようになるという効果もあります。

BCP 策定の手順

　それでは会長，BCP を策定する手順について，ざっとご説明します。策定手順の全体を見ることで，ゴールに向けての進捗がわかり安心できると思います。BCP の策定は中小企業庁の「中小企業 BCP 策定運用指針」入門コースにあるとおり，基本的に以下の5ステップで進めていきます。②については「当指針」入門コースでは「重要商品の検討」となっていますが，本書ではもう一歩踏み込んで，中核事業・重要業務という表現にしています。最初にこの意味（中核事業と重要業務）を理解しておくと後々，強靭化を進めていくうえで役に立つはずです。

　①　基本方針の立案
　②　中核事業・重要業務の検討
　③　被害状況の確認
　④　事前対策の実施
　⑤　緊急時の体制の整備

　たった，5ステップでいいのか。これなら，我が社でもできそうだ。でも，④の事前対策の実施というのは，大変そうだ。今の我が社でどの程度できるのか不安でならない。結局，役に立たない計画となってしまっては，元も子もない。それに費用もかなりかかるのでは？

会長，その点はご心配無用です。最初は自社の現状からスタートすれば良いのです。BCP は策定して終わりではありません。運用のなかで徐々に対策を実施し，年々，強靭化を進めていけば良いのです。

　費用も最初からかけず，自社にとっての必要性を評価したうえで，年度単位で計画的に投資していくことをおすすめします。会社における IT システムの導入と同じで「身の丈に合った」BCP というイメージでしょうか。

　まずは，初期構築版として取り急ぎ策定し，今後少しずつステップアップしていけば良いのか。そう言えば，先生は IT コーディネータでもあったんだね。経営と IT の専門家と聞いていたが，最近は，「攻めの経営」だけでなく，「守りの経営」としてリスクマネジメントの考え方も重要になってきているし，BCP も不可欠と思っている。今回，取り組むことを決断して良かった。

　さすが，会長。毎日多忙ななかでやらなければいけないので，事業者も大変ですが，自社の成長に合わせて，「ちょうど良い具合にバランス良く取り組んでいく」ことこそ，IT 経営を成功させるコツと言えます。そのような意味で，BCP も同じ考え方であるとご理解ください。

既にお気づきかと思いますが，本書の目次構成は20頁の策定手順の5ステップになっています。そして，BCPに関して散乱している情報をシンプルに整理し，具体的にそして自動的にBCPの策定ができるように構成しています（BCPの具体的な策定手順については28頁から解説しています）。本書をひととおり読み通すことでBCPが完成できるでしょう。

　BCPの書籍は多数あり，なかには役に立つものもありますが，一般的に大企業を対象にしているものが多く，そうした書籍を参考に最初から本格的なBCPに着手しはじめると深みにはまります。事業影響度分析（BIA），リスクアセスメント（RA）など，聞き慣れない用語が出てきただけで，難しく感じてしまい「うちの会社がやることではないな」と，やる気を失ってしまうかもしれません。

　しかし，災害は大企業だけでなく，中小企業にも等しく襲い掛かります。そして，事業規模が小さいほうが，受けるダメージが大きくなります。その時に備えて，身の丈に合った**「我が社のBCP」**を策定していく必要があります。

　中小企業・小規模事業者の場合，複雑な分析の必要性はないので，まずは，中小企業庁の「中小企業BCP策定運用指針」に沿った方法で進めることで十分です。

　先の5ステップを踏んで，ひとまずBCPが完成するわけですが，実はBCPは策定して終わりではありません。策定した計画に沿って1年間運用することで会社の強靱化を図る取組みこそが重要です。そのような意味では，BCPの策定はあくまでスタート地点と考え，まずは現状のありのままの姿で結構ですので初期構築版をつくってみましょう。

　BCPの普及が進まない理由として，お金がかかるというイメージが心理的に作用しているのかもしれませんが，最初のスタート地点に立つだけなら，費用をかけずに実現できます。決まったルールがあるわけではない

ので，「我が社の BCP」という考え方で策定していくことが重要です。また，自力で作るのが難しければ，専門家のアドバイス・支援を無料で受けられる制度もありますので，活用することをおすすめします。

　まずは，自社では現状，全く準備ができていなくとも，「ひとたび，災害が起きると最悪倒産の危機もあるかも！」という危機感を認識し，リスクの低減を図るため毎年，少しずつでも**「前年よりはマシ！」**な状態にしていく取組みを計画的に行うのです。ここでは，**「前年よりはマシ！」**というこの感覚を大切にしてください。

そう考えると，かなり気が楽になりませんか？

　BCP は限られた企業だけが行う，特別なものではありません。防災とリスクマネジメントと業務改善と経営戦略の合わせ技と言ったら言い過ぎでしょうか。

　昨今は経営に IT をツールとして活用することが最も効率が良いことは周知の事実でしょう。経営において IT の活用は必須の時代ですが，BCP においてもしかりです。特に，現在，既に普及しているクラウドは強力な武器となります。

　クラウドとは英語で言うと，「雲」。つまりインターネットを意味します。クラウドを使うことで，場所にとらわれず，ネットに接続さえできれば，どこからでも業務に必要な情報を利用することができます。そしてパソコン（以下，PC）だけでなく，タブレット，スマホ等，端末を選ばないという利点もあります。

　クラウドを活用することで，災害時に会社が被災しても代替拠点（会社とは別の場所）で業務を再開できる可能性が高まります。IT 技術の進歩にともない，業務の改善は加速度を増し，より強靭な会社になっていくことでしょう。

高度な BCP に進化していくと，時には時間や手間のかかること，そして時には，設備投資などでお金のかかることが出てくるかもしれません。中小企業・小規模事業者の場合，これを短期間で解決するのは通常不可能と言っていいでしょう。BCP の完成は，国や自治体の各種支援制度をうまく活用しながら，複数年かけて計画的に進めていくことになります。

事業継続マネジメントとは

先ほど，「BCP は作って終わりではない。運用のなかで年々強靭化していくもの」という話が出てきたが，運用とは具体的には何をするのか？
　仕事が増えるのは仕方がないが，BCP で強靭化していくための我が社の取組みについて，従業員にも正しく理解してもらう必要があると思うので，教えてほしい。

すばらしい！　会長は「全社として取り組む」という意味を既に理解されていますね。BCP の成功にはまさにそれが大事なことなのです。
　運用というのは，日々対策を進め，時々，評価し，見直していくことの繰り返しです。この全体像を **BCM（事業継続マネジメント）** と言います。BCP の P はプラン（計画）ですが，BCP は BCM の前段の一部分という位置付けとなります。
　従業員の理解はもちろん必要なので，近日，まずは BCP 策定の中心メンバーを集めて勉強会を企画しましょう。また，BCP 完成後には全従業員に対しての説明会も開催することにしましょう。

BCM（事業継続マネジメント）のイメージは下の図のとおりです。

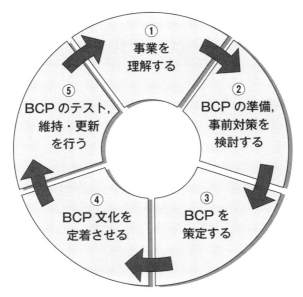

（出典）中小企業庁「BCP策定運用指針」ホームページより

①　事業を理解する

　自社が存続するために最も重要な事業（中核事業という）を認識します。中核事業は単に売上だけでなく，お客様，地域への貢献を踏まえた社会的役割も考慮に入れて選定します。その事業こそが自社が存在している価値と言えます。また，その事業を構成する業務と必要な経営資源を分析します。

②　BCPの準備，事前対策を検討する

　これからBCPを策定するための調査並びにスキル習得と合わせて，自社が想定する必要のある災害リスクをハザードマップ等を利用して確認します。続いて自社の中核事業を継続するためにどのような対策が

有効であるかを社内で検討します。

③　BCP を策定する

　検討した結果と合わせて，社内の体制を固め情報を整理して BCP として文書化します。BCP を策定したら，それぞれの<u>ステークホルダー（利害関係者）へ報告</u>するとともに，目的，基本方針等を自社の<u>ホームページにアップして対外的な発信</u>も行います。

④　BCP 文化を定着させる

　自社の BCP について社員が勉強する場を定期的に設けたり，年に1度は訓練を実施することで，業務の延長として，<u>社内に BCP の文化を根付かせていきます</u>。また，計画した対策を順次，進めていくことで少しずつ強靱化を図っていきます。

⑤　BCP のテスト，維持・更新を行う

　策定した BCP が「いざという時，適切に機能するか？」定期的に確認を行うとともに，外部環境の変化に合わせて，毎年見直しを実施し更新していきます。特に，中小企業・小規模事業者の場合，時には中核事業が変わっていくことすらめずらしくありません。

　BCP を少しでも理解してくると，実は奥がかなり深いことに気づきます。本格的に取り組む場合，「手間とお金がかかるかも？」　あるいは，「どこまでやったらいいの？」というジレンマに襲われるケースが多々見受けられます。

　終いには，「何が起こるかわからないのだから，その時，その時に最善のことを考えていけば良いのでは？」というネガティブな方向に向かって行きかねません。

　「我が社のスタッフは皆，優秀だから，いざという時，ちゃんとやってくれるものと信じている」等，根拠のない話もときどき，出てきます。でも，その優秀な社員が不在の場合，どうなるでしょうか？　大事なのは，属人的なやり方ではなく，組織的に準備することなのです。

BCP 策定の目的

　それでは，BCP の全体像についてご理解頂いたところで，いよいよ具体的な策定手順に入っていきます。最初のステップは，**「基本方針の立案」**から開始します。そもそも何のために BCP を策定するのかということを定義し，目的の可視化を図るということから始めます。

　例えば，中小企業庁の「中小企業 BCP 策定運用指針」入門コースの書式では，＜目的＞として，以下の内容があらかじめ記載されています。

＜目的＞

> 　本計画は，緊急事態（地震の発生等）においても，従業員及びその家族の安全を確保しながら自社の事業を継続することを目的として策定したものである。

　確かに BCP 策定の目的としては，至極当然の内容です。そのまま利用しても良いでしょう。また，自社独自のオリジナルで作成してもいずれでも結構です。ネット上で業界・業種毎の BCP のサンプルが多数，存在しているので，これらを参考にすれば効率良く作成できます。

以前に自力で BCP を策定しようと思ったときは，あらかじめ本に記載されていた基本方針をそのまま使ったけど，せっかく取り組むのだから我が社のオリジナルのものを考えたいと思えてきた。先生の助言により，同業他社や業界内の事例も参考にすることにしようかな。

　そうですね。業界のサンプルを参考にする方法は効率が良いと思います。

BCP における基本方針

　続いて，いよいよ基本方針を決めていきます。「中小企業 BCP 策定運用指針」入門コースでは，「人命（従業員・顧客）の安全を守る」「自社の経営を維持する」「供給責任を果たし，顧客からの信用を守る」「従業員の雇用を守る」「地域経済の活力を守る」という項目が列挙されており（次頁参照），1 つずつ確認しながら，チェックを入れる形式で基本方針を決めていきます。

　それぞれのチェック項目について異論はないと思います。基本方針は今後，具体的な計画を立てていく際の指針となるので，とても重要です。

1. 目的

　本計画は，緊急事態（地震の発生等）においても，従業員及びその家族の安全を確保しながら自社の事業を継続することを目的として策定したものである。

2. 基本方針

　当社は，以下の基本方針に基づき，緊急時における事業継続に向けた対応を行う。

チェック	基本方針
☐	人命（従業員・顧客）の安全を守る
☐	自社の経営を維持する
☐	供給責任を果たし，顧客からの信用を守る
☐	従業員の雇用を守る
☐	地域経済の活力を守る
☐	

（出典）中小企業庁「BCP 策定運用指針」ホームページより

　我が社としても，当然，これらは基本方針として適切なものと考えるが，この流れでいくと，すべての事業者が同じ方針となってしまうな。最後に，ひとつ，我が社ならではの要素を盛り込みたいところだが，これについては，どう考えたら良いのだろう？

　それはとても良い質問です。BCP の方針では，自社の事業ならではの

要素を是非とも盛り込んでください。その際，一度自社の経営理念に立ち戻って考えてみると良いと思います。「自社の事業が社会にとってどのような意義があり，事業価値として存在しているのか」それを認識できれば，自ずと答えは出てくると思います。

　そして，もうひとつ。地域への貢献という視点を必ず入れて設定してください。自社ならではのサービスで地域にどのように役立てるかということを考えてみてください。

　なるほど。そう言えば，前回の台風で長期停電した際には，当館の温泉を地域の方へ無料で開放したことがあったな。これは温泉旅館ならではの地域貢献と言えるだろう。だんだんイメージが湧いてきたぞ。

　ここでは，『入門コース』の基本方針について，ひとつずつ解説していきます。

・人命（従業員・顧客）の安全を守る

　この方針についてはあまり解説はいらないと思いますが，当たり前でも，あえて記載しておくと良いでしょう。この項目は防災そのものズバリですが，もちろんBCPにも含まれています。自社の従業員だけでなく来店中，来社中のお客様を安全に避難させるための誘導は必須です。お客様そっちのけで自分たちが真っ先に逃げるというのは最悪ですね。

・自社の経営を維持する

　BCPの目的に直結する方針です。災害で被害を受けても事業を継続していけるよう，事前対策を行っていきます。具体的には「人」「物」「金」「情報」の観点から，非常時にどうやって業務を行っていくのか知恵を絞

ることになります。自社が復旧することが，間接的に地域そして社会を元気にすることにつながります。

• 供給責任を果たし，顧客からの信用を守る

　災害時においても，商品・サービスの提供を滞らせない。あるいは，一時的に中断しても最短で復旧する。このような準備があらかじめできていれば，顧客は安心するでしょう。取引先への納品，市場への商品・サービスの提供を果たすのは，企業の社会的責任といえます。経営には何より信用が一番重要です。

• 従業員の雇用を守る

　従業員の雇用を守るのは社長の責任です。これらを死守することこそが，実効性のある BCP の価値と言えるでしょう。これらの責任を果たすことが，社会全体への利益となります。

• 地域経済の活力を守る

　間接的には，上記のいずれも地域経済を守る必要条件となります。それぞれの企業の BCP が機能して，早期に復旧できることこそが，地域経済の停滞を防ぎ，復興を早めることを可能にするでしょう。BCP は自社だけのためではなく，地域のためにもなるのです。すべての事業者がこのように考えることで地域全体の強靭化が実現できます。

　BCP の基本方針を決めるうえで重要なことは，自社の社会的な価値について改めて考えてみることです。特に「基本方針」については，会社の経営理念との整合性を意識して立案する必要があります。中小企業・小規模事業者の場合，地域に密着した形態で営業していることが多いので，地域への貢献という観点は必ず盛り込んでおきたいところです。

　そして，「災害時に地域社会において自社の事業でどのような貢献ができるのか」，社員の皆様と意見を出し合ってみると面白いアイデアが出てくるかもしれません。暮らしに直結した事業の場合，女性の目線からの貴重な意見も期待できます。

　目先の収益という観点ではあまり効果がないかもしれませんが，困った時こそ，誠意のある行動を取ることで社会的信頼が格段に上がります。これは，会社のブランディングに大きな意味があり，長期的に見ると間違いなく業績アップにつながっていきます。

「同業者はできなくても，我が社はできる」

　こうした準備を日頃から行っていくことで信頼を獲得し，競争力を高める。BCP は経営戦略であるという意味がおわかり頂けたでしょうか。

　会長，BCP が完成したら，BCP を策定する目的と基本方針を旅館のホームページにも是非，掲載してください。BCP 自体の公開は企業秘密なので無理ですが，目的と基本方針は問題ありません。逆に，当社が BCP を策定している立派な企業であることを世の中に発信していくのは，良いことだと思います。

　是非，そうすることにする。ホームページは宿泊するお客様へ当館の魅力を訴求するだけでなく，会社としての信頼獲得にも効果があるというわけだな。

33

そのとおりです。宿泊されるお客様だけでなく事業上の取引相手からしても，強靭な会社のほうが安心ですよね。

　BCP策定の目的と基本方針を文章で作成するのは，確かに骨が折れる作業です。しかし，自社の経営理念の延長として考えれば，自然にかたちになるのではないでしょうか。あまり時間をかけ過ぎると深みにはまって前に進めなくなりますので，初期構築版としては1枚の紙に収まるようなシンプルな内容で十分です。

　参考までに業種によって，以下のような基本方針が考えられます。

• **製造業**
当社部品の供給を継続することでサプライチェーンを維持する。

• **建設業**
地域の道路の早期復旧を図り，地域経済への影響を防ぐ。

• **小売業**
地域住民へ食料品と生活必需品の提供を維持する。

• **飲食店**
食の分野で地域商店街の一員としての責任を果たす。

• **ホテル・旅館業**
観光事業を継続することで，地域経済の一翼を担う。

ミッション1

読者の皆様の目的と基本方針は
固まったでしょうか？
巻末の書式1－1（190頁）に
早速記入してみましょう。

4 我が国の中小企業強靱化計画

事業継続力強化計画の認定制度

　社内のマネージャークラスと相談し，目的と基本方針は固まったよ。
　ところで，現在，国が推進している中小企業の BCP の認定制度がある
ようだが，我が社も取っておいたほうが良いのだろうか？　認定される
メリットもあるようだが，我が社はまだ，BCP を策定中なので申請は無
理かな？

　ちょうど今日は，その案内をしようと思って来ました。2019 年 7 月に
中小企業強靱化法が施行され，これに関連して，中小企業・小規模事業者
に BCP 策定を推進するための施策がいろいろ用意されました。認定
制度はその 1 つで，認定されるとロゴの使用が可能となるだけでなく，税
制優遇や金融支援，補助金の加点などのメリットがあります。
　申請自体は，現状 BCP がなくても今後，BCP を策定していくという
「やる気を示し」，強靱化に向けてのしっかりとした計画があれば大丈夫
です。ただ，最低限，BCP を理解していることは必要です。

　そういうことなら，早急に初期構築版を完成させ，年内に認定されるこ
とを目指していこう。目標もできて，かなりモチベーションが上がってき
たぞ。

　2019 年 7 月 16 日に**中小企業強靭化法**が施行されました。この法律により，政府ではさまざまな支援策が講じられ，これまで遅々として進まなかった中小企業・小規模事業者への BCP の普及が一気に進んでいくことになりました。

　政策の柱になる重要な制度として，**事業継続力強化計画の認定制度**があります。中小企業が策定した防災・減災の事前対策に関する計画を経済産業大臣が認定するものです。認定を受けた事業者は，税制優遇や金融支援，補助金の加点など，さまざまな支援策が受けられます。

　本制度の認定は，2022 年 11 月末時点で全国で 48,641 件の事業者が認定を受けています。12 月以降も継続して増え続けていくでしょう。

（出典）中小企業庁「事業継続力強化計画」ホームページより

事業者は認定を受けることで以下のメリットがあります。

 **企業名を中小企業庁ホームページへ公表＆認定ロゴマークの使用が可能になる。**

　これまでBCPについては「言ったものが勝ち」の部分があり，「我が社にはBCPがあります」というだけで，その内容・実効性について不明という問題がありました。認定制度ができロゴが利用できることで，ある程度実効性のある強靭化計画であることを国がお墨付きを与えてくれるということになります。

（出典）中小企業庁「事業継続力強化計画」ホームページより

 **対象の防災・減災設備が税制優遇される。**

　事前対策を強化するために必要な防災・減災設備の投資に対する特別償却（20%）が認められます。

　想定される投資としては，豪雨時の浸水等に備え，止水板，排水ポンプなどの設備，災害時もサーバが最低限稼働できるような制震ラック，非常用発電機の導入等があります。ただし，消防法及び建築基準法に基づき設置が義務付けられている設備，中古品，所有権移転外リースによる貸付資産等は対象外となります。

　<u>特別償却（20%）</u>ということで，節税効果につながりますね。これまで，電気に関しては停電しても比較的早く復旧するというイメージがありましたが，近年，多くの事業者が長時間にわたるブラックアウトを経験するなかで，発電機の必要性についての意識が急激に高まってきています。国の施策に乗っかり，補助事業をうまく利用して発電機を導入し，節税を図ることも考えていきたいものです。

　以前，筆者が支援した製造業の事業者では，平時においても工場の機械の動力として発電機を常に利用しているというＳ級に強靭な企業がありました。少なくともこの会社の場合，いざという時，機械が動かなくて困ったということはありえないでしょう。

メリット3　補助金が優先的に採択される。

　本件は多くの事業者の目を引くことでしょう。既に，平成30年度補正予算二次公募以降の「ものづくり・商業・サービス生産性向上促進補助金」では，審査において加点されるという条件が盛り込まれています。

　今後，他の補助金においても加点になったり，申請のための前提条件になったりするものが増えてくるものと思われます。

メリット4　信用保証枠の拡大，日本政策金融公庫による低利融資等の金融支援を利用できる。

　本件についても事業者の関心は高いと思います。認定に向けた有力な動機付けになりそうですね。元々，日本政策金融公庫などでは，この取組みが進んでいましたが，今回の施策により，より一層の周知が図られ，保険と並んで，リスクファイナンスの一環として，関心を持つ方が増えると思われます。

さて，認定を受けたいと考えた場合，認定を受けるためには，しっかりした BCP がないと申請できないのではないかという疑問が出てくると思います。本制度では BCP として正式なものはまだ確立されていない場合でも，今後，BCP の取組みにより強靭化を図るための実効性のある計画が記載されていれば認定されます。

　ただし，BCP そのものについては正しく理解していなければ申請書を書くことは難しいでしょう。筆者の意見としては，少なくとも入門編レベルの BCP を添付して，これから充実したものにブラッシュアップしていくという計画により，取組みへの意気込みをアピールすることが重要であると考えています。

　なお，事業継続力強化計画の認定を受けるためには，策定する計画のなかに「感染症対策」を盛り込むことが強く推奨されています。これまで，BCP と言えば，災害への準備ととらえられてきましたが，今回のコロナ禍で感染症対策としての BCP の必要性がクローズアップされることになったのです。

事業継続力強化支援事業

　商工会の経営指導員から聞いた話だが，商工会が役場と連携して BCP の支援計画を作成し，都道府県の知事が認定する事業もあるようだね。
　この事業への参画は任意であるようだが，国が推進する施策であるので，当会でも取り組む必要があるのではと言われた。商工会会長である私が判断を求められている。本件の必要性について先生の意見を伺いたい。

この認定制度は支援機関（商工会議所・商工会）が役場と連携して3〜5年の事業計画を申請します。経営発達支援計画と並んで，今後，支援機関にとって重要な事業の柱になっていくことは間違いありません。これらの政策により，いよいよ政府も本腰を入れて中小企業の強靭化へと乗り出したということになります。商工会自体もBCPは必要でしょう。

　中小企業強靭化法に関連する，もうひとつの大きな柱として，事業継続力強化支援事業があります。商工会又は商工会議所が，地域の防災を担う関係市町村と連携し，自然災害等に備える小規模事業者の取組みを支援する等の計画を作成し，都道府県知事が認定する制度です。

　具体的な支援内容は以下のとおりです。

① 地区内の小規模事業者に対する，地方公共団体が提供するハザードマップや国が提供する全国地震動予測地図等を活用した，事業活動に影響を与える自然災害等のリスクの認識に向けた注意喚起

　※既に多くの市町村においてハザードマップの整備は進んでいますが，現状あまり有効活用されているとは言えない状況です。ハザードマップを参照しながら自社がどのような自然災害のリスクを抱えているのか認識していく取組みです。

② 自然災害等が事業活動に与える影響の軽減に資する損害保険の加入等の取組みや対策の普及啓発，中小企業等経営強化法に基づく事業継続力強化計画認定制度をはじめとした各種制度の情報の提供

　※BCP対策の有効な手段として損害保険という選択肢があります。コストはかかりますが，損害保険の活用はお金で解決することができる一番手間のかからない方法とも言えます。さまざまな特約やサ

ービスについて理解し，自社に合ったものを選択します。

　日頃から通常の業務で融資の相談，補助金の申請支援等を当たり前に行っている商工会又は商工会議所の関与は，事業継続力強化計画認定制度の普及・促進に大きく貢献するでしょう。

③　地区内の小規模事業者による事業者 BCP の策定に関する指導及び助言
　※中小企業・小規模事業者への BCP 策定を推進していくには，事業者への策定に関する指導，助言が必要です。時には専門家の支援も活用しながら進めますが，筆者も専門家として日常的にこれを行っています。

④　地区内の事業継続力強化に取り組む小規模事業者に対するフォローアップの実施

　※セミナー等を受講した事業者が，BCP を理解して，その必要性を感じたとしても，実際に BCP の策定まで至るとは限りません。個社支援によるサポート並びに策定状況を把握する等のフォローアップを行うことで，BCP の普及促進を進めていきます。

⑤　地区内の小規模事業者による事業継続力強化に関する知見の共有
　※BCP とはどのようなもので，なぜ必要なのか理解されなければ，策定は進みません。支援機関は，セミナー・研修等を開催し BCP についての理解を深め，さらに策定にあたり必要な知識の習得までサポートしていきます。

⑥　自然災害等が発生した場合における地区の商工業の被害状況の把握及び地方公共団体への報告，自然災害等発生時に被害状況の確認その他の応急復旧活動に従事する地区内の小規模事業者の経営状況及び事業継続力強化の取組み状況の確認

※これまでも当たり前に，やってきていることですが，支援機関と市町村が連携して迅速な情報収集を行い，復旧に向けての対策をいち早く検討できるような体制づくりを強化していく取組みとなります。

　このように，支援機関の仕事はたくさんあります。地域全体の強靭化を図るうえで，支援機関が市町村と連携するのはかなり効果が高いと思いますし，体制や役割を明確に整理するという意味もあります。市町村と連携するということは商工会内部の体制をしっかり固める必要もありますね。

　これは，とても重要な事業だ。当会としては是非，取り組んでいきたい。先陣を切ってBCPの策定に取り組む我が社としても，手本になるようなしっかりしたものを作らなければいけない。改めて，気持ちを引き締めていくことにするよ。

　我が国の中小企業の強靭化に関する動向をご理解頂いたところで，次は，第2ステップ，「中核事業と重要業務の検討」へと進んでいきます。

第 2 章

中核事業・重要業務の検討

― やることとやらないことの整理 ―

　中核事業とは，災害発生時に限られた経営資源で自社が存続するために最も重要な事業です。そして，その中核事業に必要な重要業務を推進するために，やることとやらないことをあらかじめ整理し，業務に必要な経営資源を有効活用します。

中核事業を絞り込む

　それでは，会長，BCP策定の目的と基本方針が固まりましたので，次の第2ステップである中核事業・重要業務の検討へと進みましょう。中核事業の検討は災害時に経営資源が限られるなか，自社が存続するために重要な事業を絞り込む作業です。

　まず事業の洗い出しから行いますが，会長の旅館ではどのような事業がありますか？

　当社は旅館なので，あえて事業というと宿泊事業かな。

　宿泊事業の他にもありますね。例えば，宴会事業，レストラン事業もありますね。

　ああ，そのレベルの話なら，事業と言ってよいかわからないが，他にも日帰り温泉，売店でお土産の販売などもある。それから，昨年から観光協会と連携して，体験型観光サービスなんかもやっている。カヌーやフィッシングなど結構人気があるんだよ。

ずいぶん，たくさんありますね。ただ，災害時にはこれらの事業のすべてはできません。特に重要な事業に絞り込みます。1つだけでなくても構いませんが，カヌーやフィッシングは外してもよいのではありませんか？

そうだな。当社の場合，中核事業は，宿泊事業と地域住民のための日帰り温泉かな。

適切だと思います。災害時は他の事業はすべて中断して，全従業員が一丸となって，この2つの事業を死守することにしましょう。

今どきは中小企業・小規模事業者でもさまざまな事業を行っています。親の代から続いている売上の大半を占める主力事業，時代に合わせて新しく進出した新事業，売上を増やすため，あるいは相乗効果を期待しての主力事業に関連する付属的な事業等があるでしょう。

中核事業とは，そうしたさまざまある事業のなかでも，会社の存続にかかわるような最も重要性の高い事業を指します。中小企業の場合，大企業と違って，そんなことは既に決まりきったことと思われるかもしれません。ただ，ここで大事なのはさまざまある他の事業は，当面，保留とし，中核事業に集中することです。

災害時には，普段足りている経営資源にも制約が出てきます。そのようななかで会社が存続するために，全社を上げて中核事業に集中する必要があります。具体的には，普段は他の事業の担当でも，非常時には中核事業

の応援に入るということになります。

　ここで留意すべきことは、中核事業以外の担当者が、「自分の仕事は重要ではないのか？」とへそを曲げてしまうおそれがあることです。この対策としては、やはり、全社的にBCPに取り組み、BCPの考え方を正しく理解してもらうことが重要です。

　BCPは、会社が存続するための最善の策であることを全従業員が理解していないとうまくいきません。特に、社員を大事にする社長の場合、我が社の事業はどれも止められない。すべてが大事な事業だという方が時々います。この場合はまず、社長自身がBCPについて正しく理解するところから始める必要があります。

　本書のモデルの温泉旅館では、迷うことなく宿泊事業が中核事業となりますが、例えば、総合建設業（ゼネコン）の場合で、土木工事と建築工事の売上の割合が同等な場合、どちらかを選ばずに、いずれも中核事業として考えても結構です。ただし、災害復旧という最優先で取り組むべき中核事業もありますので、優先順位を綿密に計画しなくてはいけません。

　小規模な町工場で単一な製品を製作している場合、取引先別に整理するという方法もあります。例えば、「A社向けのＸＸ製品」、「B社向けのＸＸ製品」「C社向けのＹＹ製品」等取引先別に優先順位をつける方法です。この表現だと、事業というより、重要商品という印象がありますが、その辺の区別はあまり気にする必要はありません。

　「A社との取引がなくなったら、我が社の存続が危うい」ということなら、B社向けの納品は後回しにしてでもA社への納品を死守しなければなりません。

　あるいは、競合他社とのシェア争いも考慮する要素となります。C社向けのＹＹ製品のシェア争いが激しい場合、非常時こそ、迅速な対応をして

シェアを拡大するという判断もあるでしょう。このあたりの話は経営戦略的な性格がかなり色濃い話となります。

　上記からわかるとおり，BCPは部分的には会社にとっての機密事項の位置付けとなります。「A社が1番，B社が2番」というリストを記載した紙をうっかりそこらに放置しておいて，B社に漏れてしまったら最悪の事態になりますね。

　もうひとつ，とても重要な基準があります。中核事業を選定する際には，売上，シェアがすべてではありません。必ず，顧客，地域への影響度も考慮して選定しましょう。

　中核事業が決まったら，以下の表に例示するイメージで優先順位の順番にしたがって記載します。
　小規模事業者で中核事業は1種類のみという場合は，それのみを記載してください。また，それぞれ中核事業として選定した理由も入れてください。

例）　温泉旅館業の場合

No.	中核事業	理　由	目標復旧時間
1	宿泊事業	● 自社の売上の中核を成す事業である。 ● 宿泊事業を中断すると地域の観光産業に与える影響が大きい。 ● 取引先の旅行代理店に迷惑がかかる。	―
2	日帰り温泉事業	● いち早く，地域住民への入浴の場の提供を維持する。 ● 地域の復興に貢献する。	―

目標復旧時間を設定する

　中核事業が決まったので，次は，それぞれの**目標復旧時間**を設定します。聞きなれない言葉ですが，これは BCP ならではの用語で，ひと言で言うと，会社をつぶさないためには，最悪いつまでに復旧し事業を再開する必要があるのか。この限界値を把握しておくということです。

　その設定は難しいな。災害のレベルによって被害状況も変わるし，しかも，現状，何の準備もできていないのにいつまでに復旧できるかなんてイメージできそうにない。
　それに，完全に復旧できなくても一部限定的でも事業の再開は可能ではないのか？　その辺はどう考えたら良いのだろう。

　確かにどんな状況になるかわからないのに目標設定というのは難しいですね。それでは，目標の設定は次のように考えたらいかがでしょうか。
　お客様や取引先が自社から離れていってしまわない限界の期間。あるいは，地域住民への社会的責任の観点からの目標値。
　ここで設定する目標復旧時間は現状，達成できる期間で構いません。初期構築版の BCP で 1 年間対策を行い，多少なりとも強靭化が進んだら，目標復旧時間を短縮していけば良いのです。まずは目標値を数値化しないと対策の成果を評価できませんので目標値を設定しましょう。
　また，操業度は会長の言うとおり，完全復旧の 100％にならなくても構いません。30％，60％，100％と 3 段階で設定する方法もあります。「最初は 30％の操業度で再開するのに何日かかるか？」という設定だけでも

構いません。具体的には，食事はお弁当とし，宿泊とお風呂だけを提供する，あるいは，部屋全体のうちの30%のみ稼働するということでも良いのです。

　感覚的にはどんなに被害が大きくても，建物が無事である限り，最長でも1か月以内には復旧しなくてはいけないとは思っている。

　予約中のお客様のことも考えると，2週間以内に30%，1か月以内に100%ということにしよう。日帰り温泉はさらに短く1週間で完全復旧したい。災害時に避難している地域住民の方に少しでも早くお風呂に入って頂きたい。

　下の図はBCPに取り組む際に必ず一度は目にする重要なイメージ図です。縦軸が操業度で平時には100%で稼働していますが，ひと度災害が発生すると操業度は「ど〜ん」と落ち込み最悪0%となり完全に停止状態になります。完全に停止状態になり，いつまでも復旧できず，廃業に至る場合もありますが，多くの企業はいつかは少しずつ復旧してくることでしょう。

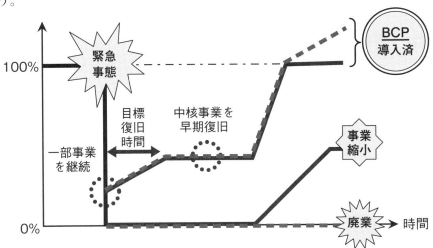

（出典）中小企業庁「BCP策定運用指針」ホームページより

ただ，復旧は時間との戦いです。復旧するまでに運転資金が回らず，倒産しては元も子もありません。また，たとえ内部留保が十分あったとしても，それだけでは安心できません。取引先はいつまでも待ってはくれないからです。顧客を失っては事業継続できないため，あらかじめ目標復旧時間を設定して，何が何でもそれまでに復旧させる必要があるのです。

　なお，ひと言で復旧といいますが，初めから操業度100%を復旧の目標にする必要はありません。目標とする操業度はケースバイケースで，取引先が納得してくれる操業レベルと期間をちょうどよく設定することがポイントです。
　最初から，満足できる目標復旧時間を設定できないかもしれませんが，「1年間の運用のなかで，対策を実践することで少しでも目標復旧時間を短縮していくこと」これがBCPであるということでご理解ください。

　そして，同業他社よりも早く復旧することができれば，他社より信頼度が高まり，受注量が増えると，平時の時よりもさらに操業度が上がることもありえます。目標復旧時間が短いことは，**強靭な会社**であると同時に，**競争力の高い会社**と言うことができるわけです。

　今回，ふるさと温泉旅館が設定した目標復旧時間を次頁の表に記載しておきます。この設定値については1年後に再度，見直してみましょう。

No.	中核事業	理　由	目標復旧時間
1	宿泊事業	●自社の売上の中核を成す事業である。 ●宿泊事業を中断すると地域の観光産業に与える影響が大きい。 ●取引先の旅行代理店に迷惑がかかる。	30％：2週間 100％：1か月
2	日帰り温泉事業	●いち早く，地域住民への入浴の場の提供を維持する。 ●地域の復興に貢献する。	1週間

 ミッション2

読者の皆様の中核事業は固まったでしょうか？
選定した理由とあわせて，巻末の書式2−1（191頁）に
記入してみましょう。
また，それぞれの目標復旧時間も是非，
設定してください。

2　中核事業と重要業務

　中核事業が決まったら，その事業を推進するうえで必要な業務の洗い出しを行います。そして，これらすべてが**重要業務**という位置付けになります。会長の旅館の宿泊事業はどのような業務で構成されているでしょうか。

　いっぱいあるな。予約受付，出迎え・見送り，フロント（チェックイン・チェックアウト），客室清掃，リネン交換（クリーニング），食事提供，宿泊費精算といったところかな。

　なるほど。これらの業務は，多くの従業員（パート含む）や外部の事業者が関わっていますね。いずれも重要な業務でどれが欠けても事業が成り立たなくなるでしょう。

　次は，それぞれの業務に必要な経営資源を洗い出していきます。

　え〜っ！　そんな細かいことは担当者に確認しないとわからないな。社長の私では漏れなく洗い出すことはとても無理だ。

おっしゃるとおりです。だからこそ，全社で取り組む必要があるのです。社長ひとりで策定しても実効性のある BCP にはならないという意味がおわかり頂けたと思います。

　最初から業務毎に整理していくのは難易度が上がってしまうので，まずは，「人」「物」「金」「情報」の観点で大まかに洗い出すところから始めましょう。

　重要業務とは中核事業を構成する個々の仕事を指します。そして，それぞれの業務を行ううえで必要な経営資源が存在します。中核事業と重要業務，そして必要な資源は下の図のように階層的な関係にあります。

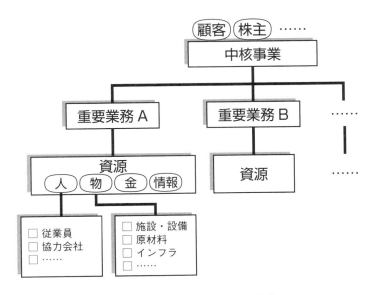

（出典）中小企業庁「BCP 策定運用指針」ホームページより

中核事業を重要業務に分解していくことは，平時の**業務改善**にもつながります。業務に必要な経営資源は「人」「物」「金」「情報」の観点で検討すると洗い出しが楽になりますが，逆に思いつく限りランダムに挙げていって，最後にこの4種類のカテゴリに分類する方法もあります。この作業では，実際に業務に従事している担当者を交えて検討することで，漏れのないように洗い出すことがポイントです。

　このような作業をする目的は，<u>平時はこれらの経営資源を利用して問題なく業務をこなしていても，もしも災害時にこれらが使えない場合どうするか？</u>　を考える必要があるため，そのためのインプット情報を準備することにあります。

　「災害時」と書きましたが，「非常時」のほうが適切かもしれません。災害が起きなくても，突発的な事故等で必要な経営資源が利用できないという状況は普通に起こりうるからです。また，今回のコロナ禍においては「人」が業務に従事できないという問題が事業継続に大きな影響を及ぼしました。

　ここまで読み進めて頂いたことで，**BCP はリスクマネジメントの一部**であることも理解されたでしょう。つまり<u>企業に起こりうるリスクは災害がすべてではない</u>ということなのです。

　重要業務のイメージは湧いてきたしょうか。初めての方からは，「これが業務という扱いになるとは思わなかった」という感想をよく聞きます。
　そうです。中核事業を推進するために必要なことはすべて業務としてとらえて構いません。また，重要業務は順番に流れていく業務フローとしてとらえると，必要な業務の漏れを防ぐことができます。

【建設業の事例】

中核事業：土木工事事業

重要業務：見積・入札 → 受注・契約 → 計画 → 施工 → 完成検査
　　　　　→ 請求・支払

　たくさんの業務がありますね。工事が完了しても最後の請求ができないと売上が立ちません。また，支払いを滞りなく行うことも取引先への大きな責任と言えます。現実には，災害の場合は，前段の業務（見積・入札，受注・契約）よりも，現在，施工中の工事を継続することに注力していくことになるでしょう。

【食品加工業の事例】

中核事業：水産加工事業

重要業務：原材料仕入れ → 加工 → 洗浄・冷風乾燥 → 冷凍
　　　　　→ 包装・検査 → 保管・出荷 → 管理業務

　製造業の場合，工程管理のイメージを盛り込むとかなり詳細化できると思います。ここで，最初の「原材料仕入れ」に注目してください。通常，取引している仕入先が被災した場合，原材料を仕入れることができなくなると，自社は何の問題がなくても製造自体できない状態となります。あるいは，加工に必要な機械が倒れて壊れてしまった場合も製造できませんね。

ところで，災害時には建物の被害状況を確認したり，社員の安否確認をしたり，あるいはお客様を避難誘導するなどといった，それこそ重要業務と言えるものもあるのではないか。なかには，中核事業に直接紐づかないものもあるように思うがその辺はどうなんだ？

　その質問はよく出ます。会長の言われている業務は確かに重要なので，重要業務と言いたいところですが，これらは，むしろ**初動対応**という扱いになります。
　初動対応とは災害直後に当たり前にすぐにやることであるのに対して，重要業務とは少し経ってから，会社が存続するためにどうやって短期間で中核事業を復旧して行ったら良いかという考え方で，そのために必要な業務ということになります。
　ただ，会長の鋭い視点に感心しました。中核事業に直接紐づかなくても重要な業務も実際には存在しますね。例えば，従業員への給与の支払い等もそうです。会社にとって，従業員も重要なステークホルダー（利害関係者）なのです。

　初動対応と重要業務を混同してしまうのは，BCP 初心者にはよくあることです。初動対応は「すぐやること」，重要業務は「事業継続の方針に沿って順次進めていくもの」とご理解ください。ただ，本質的にはこの区別はあまり気にする必要はありません。いつやるのかという優先度の違いだけだからです。
　中核事業から整理する手法は，その事業を推進するために，漏れのないように必要な業務を洗い出すという目的があるからで，重要な業務として

扱われるものは，その他にも多数存在しているというのが正しい理解となります。

　つまり，**「非常時には，中核事業に該当しない業務はやってはいけないの？」**という疑問はナンセンスということです。

　誤解を恐れずに言うと，災害時には，中核事業の絞り込みも実際にはそれほど意味がありません。発生した被害状況のなかで，限られた要員と資源で，どの順番で何をやっていくかは，その場（災害対策本部）で判断してその都度，最適解を見つけていくことになります。

　なぜなら，どんな状況になるかなんて無数の可能性が存在し，あらかじめ段取りをきっちり決めるなんて不可能だからです。場合によっては，中核事業以外のことをやることもあるかもしれません。ただ，平時のリスクに対しての重要業務の整理としては構造的になっていてわかりやすいこと，そして，「我が社にとって柱になる事業は何か？」を明確にする点において，中核事業を決めることはとても意味があると思います。

　繰り返しますが，重要業務においては，あらかじめ優先順位が決まっているというわけではありません。その時その時の条件により，優先順位は変わるでしょうし，担当毎にあるいは手の空いている人で複数同時並行してやる場合も十分ありえます。

　中核事業に付随する重要業務は次頁の一覧表で整理します。内容については各業務を具体的に説明したものを記述します。

中核事業：宿泊事業

No.	重要業務	内　容
1	客室清掃	客室の清掃とセッティング
2	リネン交換	シーツ，タオル類のクリーニング
3	予約受付	予約サイト管理，電話予約対応，旅行代理店対応
4	フロント	チェックイン・チェックアウト，客室電話対応
5	接客	出迎え・部屋への案内，駐車場案内，見送り
6	食事提供	材料仕入れ，料理，配膳
7	宿泊精算	現金払い，キャッシュレス決済，領収書発行

ミッション3

読者の皆様の中核事業を構成する
重要業務は何でしょうか？
巻末の書式2－2（192頁）に記入してみましょう。
中核事業が複数ある場合は，それぞれに
ついて重要業務を設定してください。

3　重要業務に必要な経営資源

経営資源（人）

　それでは，経営資源について具体的に見てみましょう。まずは，何と言っても「人」ですね。御社の従業員の方々は，それぞれ経験に裏付けされたスキルを持ってますので，誰が不在となっても困った状況になるでしょう。特殊な技術，資格のある，その人でないとできない業務は特に要注意です。非常時には，圧倒的に人数が足りなくなるので，ひとりで二役も三役も果たさなくてはなりません。

　このような事態に備えて，日頃から**多能工化（ひとりで何役もこなす状態）**の訓練を行うことはとても重要です。そして，これは非常時にかかわらず人手不足の昨今，とても効果のある業務改善でもあります。

　今，思いつくのはボイラーの技術者かな。誰でもできるわけではないので彼がいないととても困るな。

　日頃から一番の悩みは必要な人材が確保できないことで，多能工化については私も今年度から着手しようと考えていたところだ。災害が起きなくても，人材不足こそが事業継続の最大の障害になるのではないかと恐れている。

昨今の人手不足は企業存続に関わる重要な課題と言えますね。ところで，会長の旅館の予約はインターネットの旅行サイトからも受け付けていますよね。しかも複数の旅行サイトで受け付けていますよね。

　ただ，宿泊の予約管理，在庫管理等をＰＣで操作できる人は限られているのではないですか。ネットの予約管理は意外と重要な業務になりますね。

　確かに！　旅行サイトの業務ができるのは，現在，ひとりだけだ。ネットからの予約が全体の半数を占める現状を踏まえると，これは我が社にとって大きなリスクだ。早急に対策しなくてはいかん。

　新規採用は難しいので，現在のスタッフから適任者を複数名選び，育成していくことにする。

　災害時には，取り急ぎ，実際に動ける人だけで対応していくしかありません。どのような状況でも，いかに30%の操業レベルまでもっていくことができるかが，事業継続のための勝負の分かれ目になります。このための対策は後述しますが，まずは業務に必要な人材の洗い出しを行い，**ボトルネック**となる要素を事前に把握しておきます。

　ボトルネックとは，その資源がないばかりに業務が進められなくなる重要な資源のことです。あの人がいないと仕事が回らないというのは，何が根拠となっているのか？　といったことを把握するため，従業員から十分ヒアリングを行う必要があります。

　人が同時にできる作業には限界があります。多くの人で並行して進める体制があれば，それだけスピードを短縮できるということになります。

BCP では何でもできるスーパーマンがひとりいてもあまり効果的ではありません。

「あの人がいないと無理」。これは中小企業ではよくある状態です。せっかくなので，BCP にかこつけてこの「弱み」を改善していきませんか？
　例えば，中小企業の場合，ＩＴに詳しい人がひとりでもいればその企業にとっての「強み」と言えます。しかし，その人が辞めたとたん，すぐに「弱み」に替わります。こんなカメレオンみたいな状態が中小企業のリスクの実態と言えるでしょう。

　スーパーマンがいなくても，多少，パフォーマンスは落ちるものの，代替の効く体制を組織的に作り上げていく。これは経営戦略的にとても価値があることです。

経営資源（物）

　続いては，「物」です。会長，ひとくくりに「物」と言いました。重要業務で必要な「物」の具体的なイメージは湧きますか？

　うちの会社の場合，宿泊事業だったら「部屋」，日帰り温泉だったら「風呂」ということだろう。

そうですね。それらがなかったら，中核事業はできませんね。

他にも，宿泊の場合，布団も必要ですね。タオルや洗面用具，食事提供はどうでしょうか？

日帰り温泉でもやはりタオルや掃除用具は必要になりませんか？

う～む。そんなレベルの物を挙げていったらキリがないな。もれなく洗い出す自信もない。

そもそも，それを洗い出してどうするのか。何が起こるかわからないのに，現時点でそんな細かい話をしてもあまり意味がないような気がするが……。

まあまあ，気持ちはわかりますが，各事業を構成する重要業務の単位で考えていくと整理しやすいと思います。

そして，会長ひとりで考えるのは限界があるので，分業体制でいきましょう。是非，各業務の担当の方を巻き込んでください。重要業務に必要な経営資源（物）を洗い出す目的は**代替策**を検討するためです。代替策というのは，BCP 的にはとても重要な考え方と言って良いでしょう。

　中核事業を推進するには，たくさんの業務を行うなかで，たくさんの物が必要となってきます。これを洗い出すには業務の単位で担当者に確認するのが一番良いでしょう。なかには，その物がなくても，代わりの「物」あるいは，「手段」で何とかなる場合もあるでしょう。これを**「代替策」**と言います。

　でも，当然，何とかならない場合もあるはずです。このボトルネックを認識するために経営資源をすべて洗い出すのです。「<u>すべて</u>」と言っても<u>極論に走りすぎないように注意</u>を要します。鉛筆，ノート，はさみ等まで挙げていくと，それだけで嫌になるかもしれません。

　ところで災害時に業者から食材が納品されない状態になったら，宿泊中のお客様に食事を提供できなくなりますね。

　これから来館するお客様はともかく，せめて，宿泊中のお客様には，限られた食材の範囲ではあっても，何らかの提供はしたいと考えている。
　それどころか，旅館業として，当町への観光客に炊き出しを行い，何らかの役に立つことも考えなくてはならない。
　そのためには事前にある程度の備蓄も必要だな。炊き出しとなると当館だけのマンパワーの問題では限界があるので，他の組織と連携することでより効果を発揮できそうだ。
　そうだ，商工会の青年部や女性部はかなり強力な助っ人になるかも。

　さすがです。BCPでは自社だけでなく，地域としての取組みでもあるのを忘れないことが重要です。

　宿泊事業で食事を提供するには，もちろん材料が必要となります。日常的に特定の取引先から調達しているはずですが，この取引先が近隣で同時に被災していたら納品できない状態になるでしょう。この場合，どこか他

から材料を調達できれば食事提供が可能となります。

　ただ，どこからも調達できず，当面，食事なしで部屋と風呂のみでという30％の稼働状況の達成でも，事業は継続できることになります。

　また，既に宿泊中のお客様には，限られた材料でも何らかの食事提供を行うのか，あるいは，炊き出しで食材を放出するのかといったことは，BCPの基本方針を踏まえてどのような行動をとるか判断します。だからこそ，基本方針が重要なのです。

　経営資源は，「場所」についても考えます。すべての客室が使えない場合はともかく，例えば，1階は無理だが2階以上は可能であるとか一部の客室が利用できる場合，限定的に営業はできるでしょうか。また，1階が利用できない場合，フロントも使えない可能性があるでしょうか。

　それは確かに起こりうるな。もし，フロントが使えなかったら，事業中断するしかあるまい。

　お客様は休暇を取って温泉を楽しみにして予約したんですよ。フロントが使えないくらいでキャンセルするんですか？

　何とか受け入れるための代替手段を考えてはいかがでしょう。お客様はフロントの対応を目的に来るわけではありませんので，きっと理解してくれますよ。

　「30％の操業度でも，事業再開する」この考え方を大事にしましょう。

それは一理ある。では，正面玄関入ってすぐ横に仮設のフロントを急遽作ることで対応することとしよう。本当に機能するのかの訓練も兼ねて，外国人団体様受け入れの際の専用フロントとして試してみるのも良いかもしれない。

　それは名案です。

　BCP の経営資源（物）においては，建物というより，場所についても考慮する必要があります。作業する場所，製造する場所，サービスを提供する場所が利用できない場合，替わりの**代替拠点**を準備する必要があります。この点に関しては，近隣に支店や営業所がある企業は格段に有利です。

　本店が被災した場合は支店で，あるいは支店が被災した場合は皆，本店に移動して業務を行うことができれば，代替拠点としては理想的なパターンです。あるいは，グループ企業などでも協力体制が組めるかもしれませんね。組合等で協力体制を組むのは可能でしょうが，これが他社となると一気にハードルが上がり，代替拠点を準備するのは現実的にはかなり難しいでしょう。

　最後に経営資源（物）で忘れがちなのが，燃料です。業務を行ううえで車はもちろんのこと，さまざまな機械を動かすには燃料が必要となります。機械は無事でも，燃料がないために利用できないという状況はよく起こります。備蓄ができる場合は準備をしましょう。

　いざという時，分けてもらえるよう，燃料を扱う事業者と日頃から良好な関係を築いていくことは意外と重要です。

経営資源（情報）

　次は情報。会長の旅館では日々の業務で利用している重要な情報がたくさんありますね。それら情報の紛失を防ぐため，バックアップは取っていますか。

　そりゃあ，もちろん取ってるさ。会社の規定でルール化し，毎週，必ずＰＣの外付けハードディスクにバックアップを取ることになっている。

　バックアップの取得を担当者任せでなく，ルール化しているのは素晴らしい。でも，地震で落下してＰＣもハードディスクも壊れてしまったらどうしますか。事業の継続に関わる重要な情報を引き出しにしまっておいても，そこまでたどりつけなければ，結局，利用はできませんね。

　う～む。非常時に備えて，事業の継続に関わる重要な情報は私の自宅に保管しておいたほうが安全なのだろうか。個人情報が多いので，社外に持ち出すのは極力避けたいところだが……。

　会長。今はクラウドの時代ですよ。重要な情報がクラウドに保存されていれば，場所を選ばずに利用できるので，非常時においても代替の場所で，スムーズに業務を再開することができます。そのような意味で**クラウドは BCP にとても有効なツール**として評価されています。

クラウドはいまひとつ信用できなかったので，これまで極力避けてきたが，そんなに価値のあるものなら是非とも導入を検討したい。時代に合わせて新しいものを取り入れていく覚悟を決めたよ。

それは良かったです。多少コストはかかりますが，クラウドを活用するには，やはりセキュリティが強固な信頼できるサービスを選択することをおすすめします。

一般的にコストはデータ量に比例した料金体系になっています。昨今は一定容量まで無料で利用できるものが多いので，機密性の低いものは無料のもので，そして重要な情報は有料版でという使い分けをおすすめします。なお，最重要の機密情報は，会長の自宅金庫に入れておいたほうが良いですね。

すべてを有料版のクラウドサービスで管理する必要はないということか。

まずは，一度，社内の情報の整理をする必要があるな。

　ひと言で情報と言っても，デジタル化されたデータから紙の台帳，そして情報システムとさまざまな種類が存在します。日々，更新されて最新情報でないと意味のないものもあれば，業務を行う際に参照するマニュアルのような情報もあるでしょう。特別，機密性の高いもの，一般的に公開されている汎用的なデータなど，それぞれ性質が異なります。

人，物，金と並んで，IT（情報）が経営に欠かすことができない重要な要素となっている現在において，これらを利用できない場合，業務に大きな影響を及ぼすリスクが想定できます。

　これは災害時に限った話ではありません。日常的に何らかの事故により起こりうるリスクとも言えます。昨今は情報漏洩という人的リスクも頻発しているため，セキュリティの観点からも合わせて考えていく必要があります。

　もうひとつ大事なのがシステムの利用です。データは無事でもシステムやソフトウェアが使えないばかりに利用できない状態が多々あります。パッケージソフトであれば，新しいPCを買ってきてインストールすればすぐに使える場合もありますが，システムとなるとそう簡単にはいきません。ITベンダのSE（システムエンジニア）でないとできないと考えたほうが良いでしょう。

　ただ，ITベンダもすぐに対応できる保証もなく，対応してもらうためには保守契約を別途結ぶ必要があります。コストもかかる話なので，ある程度までは自社で対応できるように社内にITスキルをもった人材を育成することが有効です。

　資金が潤沢な大企業ならともかく，中小企業・小規模事業者の場合，このような考え方は特に重要と言えます。「マニュアルがあれば，バックアップデータからのリカバリ（復旧）くらいは自社で何とかなる」この準備ができれば，かなり安心ではないでしょうか。そのための訓練を定期的に行うことも実効性の発揮を実現する点において有効です。

　量販店で新しいノートＰＣを調達してきても，「ソフトが古いため新しいＯＳではインストールすることができない」という状況も今後，出てくるでしょう。毎年のBCPの見直しのなかでこのようなリスクも改善して

いくことがより一層の強靭化を図ることにつながります。

経営資源（金）

　次はお金です。会長の旅館は1か月間, 売上がなくても大丈夫でしょうか?

　長年積み上げた内部留保が多少ある。1か月くらいではびくともしないよ。

　では, 3か月ではどうでしょうか?　また, 逆に何か月まで大丈夫でしょうか?

　おそらく3か月でも大丈夫だと思う。でも何か月持つかは確認しないと何とも言えないな。

　BCPにまつわるお金関係で重要なのは, 自社がどれくらい持ちこたえられるかを把握していることです。その限界までには何が何でも復旧しなくてはいけないということで, 目標復旧時間を設定したかと思います（実際, 顧客も考慮に入れる必要があるので, お金だけが判断理由ではありませんが……）。

復旧にはお金がかかります。運転資金が回らないなら，早めに手を打たなければなりません。災害時の場合，政策金融公庫などで特別な金利で融資を受けられる制度もあります。このような制度を日頃から調べて把握していると，いざという時に慌てずに済みます。

　ここでのポイントはお金に余裕がないことがダメだというのではなく，<u>災害時に備えて，自社の運転資金の状態を正確に把握できているかということ</u>です。この点，誤解のないようお願いしたいと思います。

　もうひとつ，お金に関連する話として，保険があります。費用はかかりますが，いざという時には保険で乗り切ることを考えましょう。保険はリスクマネジメントとして**「リスクの移転」**に分類されるお手軽な対策です。事業者の場合，お金で解決できるなら，そのほうが適している場合もあります。普通，火災保険には入っているでしょう。ではその保険に地震保険の特約まで付いているでしょうか。少しの負担で安心が買えるなら安いものです。

経営資源（その他）

　電気が使えないと事業継続に大きく影響があります。会長の旅館も2018年のブラックアウトの時は困ったと聞きましたが。経営資源について考える際は，インターネット，水道，ガス等のライフラインはもちろん，道路，鉄道などさまざまなインフラがどのように影響するかも想定しておく必要があります。

あの時は，宿泊客が結構いたので，本当に困った。今年度は，我が社も発電機を導入する予定だ。インターネット，水道，ガスはボトルネックになりそうな経営資源であるため，目標復旧時間を考慮しつつ，事前対策が必要だな。

　旅館には，お客様も従業員も車で来るので，洪水等で幹線道路が通行止めになると影響は大きいだろうな。

　これまで電気はすぐに復旧するイメージがありましたが，2018年のブラックアウトの教訓からBCPの対策として，発電機はやはり必要ですね。事業継続力強化計画の認定を受けると，新たに購入した発電機には20%（令和5年4月1日以後に取得等をする対象設備は特別償却18%）の特別償却が認められるので好機でもあります。

　事業を継続するうえでは，電気，ガス，水道等のインフラは特に重要になります。事業の復旧にあたり，何が最大の**ボトルネック**となるかをあらかじめ十分に把握しておきましょう。<u>代替が効かないものについては，事前対策としてある程度の投資を行う必要があるかもしれません。</u>

　こうして整理してみると，各業務とも事前に代替手段を用意しておくことで，案外何とかなるものだということに気づかれましたでしょうか？

　そうだな。**「備えあれば憂いなし」**という言葉が実感できる。

> そして, いずれも少しずつ改善していけそうな点もよくわかってきたよ。

　本項では, 重要業務に必要な経営資源を「人」「物」「金」「情報」そして「その他」という観点で洗い出してきました。これらの検討結果を, 以下の形式の一覧で整理しました。

　中核事業毎, 重要業務毎に主だった経営資源を記載し, これらが使えない場合の代替策を考えていきます。代替策がない場合, 「なし」と記載します。代替策がない経営資源については特に事前の対策が必要な項目となります。

中核事業名：宿泊事業

重要業務：客室清掃

経営資源	項　目	具体的内容	非常時の代替策
人	要員4名	清掃要員	マニュアルがあれば他の人（ベッドメイキング担当等）でも代替可能
物	清掃用具 洗い場 マスターキー	掃除機, 雑巾, バケツ, 消臭剤 清掃用具の洗浄 部屋への入退出用	旅館で複数保管, 在庫あり, 無ければ他所から借用可 トイレ等, 庭等で代替可 フロントのスペアキーで代替可能
金	人件費	パートの要員の場合	なし
情報	基幹システム	チェックアウトの確認	ノックで逐次確認で可
その他	電気 水道	照明, 掃除機等 清掃用具の洗浄	発電機の利用で可 井戸水で可

重要業務：リネン交換

経営資源	項　目	具体的内容	非常時の代替策
人	要員3名	ベッドメイキング要員 一部の洋室のみ（スキル要）	時間はかかるが他の人（清掃担当）でも代替可能
物	リネン袋	洗濯するタオル，シーツ用	足りなければ，クリーニング業者から借用
金	人件費 クリーニング代	パートの要員の場合 業者への支払い	なし
情報	基幹システム	チェックアウトの確認	ノックで逐次確認で可
その他	電気	照明	代替の照明器具で可

重要業務：予約受付

経営資源	項　目	具体的内容	非常時の代替策
人	要員1名	予約サイト管理（PCスキル要） 電話予約対応 旅行代理店対応	なし→サイトからの受付は一時停止する 他の要員で代替可能 他の要員で代替可能
物	PC 電話	自社HP，予約サイト更新 電話による予約受付	代替機で可 不可→代表の番号でつながらない場合，電話受付は一時停止する

経営資源	項目	具体的内容	非常時の代替策
		旅行代理店との連絡手段	携帯電話で代替可
金	—	—	—
情報	基幹システム	予約情報	予約台帳で代替可能
その他	電気 ネット環境	電話, ノートPCの電源	発電機の利用で可能 モバイルルーターで代替可能

重要業務：フロント

経営資源	項　目	具体的内容	非常時の代替策
人	要員2名	チェックイン, チェックアウト, 客室からの電話対応	マニュアルがあれば他の人でも代替可能
物	PC 電話	予約情報の確認 電話による問い合わせ	代替機で可 携帯電話で代替可能
金	—	—	—
情報	基幹システム	予約情報	予約台帳で代替可能
その他	電気 ネット環境	電話, ノートPCの電源	発電機の利用で可 モバイルルーターで代替可

重要業務：接客

経営資源	項　目	具体的内容	非常時の代替策
人	要員4名	出迎えと見送り 部屋への案内 駐車場への案内	マニュアルがあれば他の人でも代替可能
物	携帯電話	内部連絡用	無線でも可
金	―	―	―
情報	基幹システム	チェックイン・チェックアウト情報	予約台帳で代替可能
その他	―	―	―

重要業務：食事提供

経営資源	項　目	具体的内容	非常時の代替策
人	要員5名	料理，食事提供	マニュアルがあれば他の人でも代替可能
物	材料 調理器具 食器	料理 食事提供	操業度縮小でも対応可 簡易な食器でも対応可
金	材料費 人件費	材料仕入 パートの要員の場合	なし
情報	基幹システム	宿泊客の情報	予約台帳で代替可
その他	電気 水道 ガス	照明，冷蔵庫 料理	発電機の利用で可 備蓄の利用で可 カセットボンベ

重要業務：宿泊精算

経営資源	項　目	具体的内容	非常時の代替策
人	要員2名	精算業務の要員	マニュアルがあれば他の人でも代替可
物	PC プリンタ 決済端末	精算処置用 帳票印刷用 キャッシュレス対応	なし 代替機で可 なし→現金精算のみとする
金	現金	釣銭用	近隣の店舗に両替を依頼
情報	基幹システム	精算処理 請求書発行 領収書発行	予約台帳と電卓で計算 手書きで発行 手書きで発行
その他	電気	PC，プリンタ，決済端末の電源用	発電機の利用で可

ミッション4

読者の皆様の中核事業を構成する重要業務で
必要な経営資源は何でしょうか？
それぞれの業務毎に洗い出した結果を巻末の
書式2−3（193頁）に記入してみましょう。
また，それらが利用できない場合の代替策について，
それぞれ検討してみてください。

　次のステップは，被害状況の確認です。さまざまな自然災害のなかで，
自社にとってリスクとなるものをハザードマップを参照しながら特定し
ていきましょう。

第3章

被害状況の確認

― 我が社がかかえるリスク ―

　我が国では地震を始めとしたさまざまな災害が起こります。「自社にとってどの災害がリスクとなるのか？」ハザードマップを確認して特定します。また，今般のコロナ禍で感染症のリスクも事業継続に大きな影響があることがわかりました。それぞれのリスクが事業に及ぼす影響を想定し，事業継続のための対策を練ります。

1 我が社を取り巻く自然災害等は何か

我が国で起こる災害等の種類

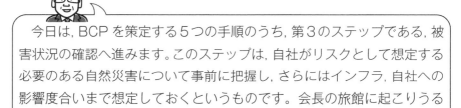

今日は，BCP を策定する5つの手順のうち，第3のステップである，被害状況の確認へ進みます。このステップは，自社がリスクとして想定する必要のある自然災害について事前に把握し，さらにはインフラ，自社への影響度合いまで想定しておくというものです。会長の旅館に起こりうる自然災害とはどのようなものがあるでしょうか？

うちの場合は，何と言っても地震かな。この地域は昔から地震が多いんだ。それと，海はないので，津波の心配はないが，洪水については，過去にも台風や大雨で川が氾濫したり，堤防が決壊したり相当の浸水被害が出ている。付近に山はないので，土砂災害の心配はないと思っている。

「地震」と「洪水」ですね。それと，「感染症」も忘れずに入れましょう。今般のコロナ禍のような感染症の流行も事業継続にとって大きなリスクとなるので，最近は感染症も考慮した BCP が策定されるようになっています。

BCP は災害に備えた準備かと思っていたが，感染症も考慮するのか？

　確かに，うちの旅館の営業にも大きな影響が出ており，今も厳しい状況は続いている。

　既に BCP を策定している企業も，コロナ禍の苦い経験により，感染症対策も盛り込んだ BCP で策定し直している企業が増えています。
　BCP の文書としては，特定した災害等のリスクを以下の形式で記載します。わかりきったことをわざわざ書くのは，「BCP 策定にあたり災害についてきちんと調べて特定しましたよ」という利害関係者に向けての証拠を残す意味があります。特定した理由も記載しエビデンスとして必ずハザードマップ等を添付しておいてください。

【災害の特定】

No.	災害の種類	災害の状態
1	地　震	J-SHIS 地震ハザードステーションによると震度6弱以上の揺れに見舞われる確率26%以上。
2	洪　水	役場の洪水ハザードマップによると，当ホテルの所在地で50cmの浸水が発生する可能性がある。
3	感染症	感染症は全国的に拡大するおそれがあり，当ホテルの事業継続に支障をきたす可能性がある。

　災害リスクと聞いただけで，何だか難しそうと思われるかもしれません。でも，安心してください。
　実際，どんな災害が起こるかなんて誰もわからないので厳密な想定なんて，そもそもできないのです。
　ただ，過去のデータから自社が所在している地域で起こる可能性のある災害はおよその見当がつくはずです。まずは，「これを把握しておきましょう」という程度で考えるならば気が楽になるのではないでしょうか。

災害と言ってもいろいろあります。災害リスクを想定するには，まず，災害の種類について把握するところから始めましょう。そして，<u>日本で起こりうる災害を認識したうえで，「自社がリスクとして想定する必要があるのは何か」をリストアップする</u>ことになります。まずは，代表的な災害を見ていきましょう。

【大地震】

日本は世界有数の地震大国です。これまで阪神・淡路大震災，東日本大震災を経験し，今後，ここ数年のうちに発生する可能性がある首都直下型地震，南海トラフ地震について危惧されています。最近は政府，自治体だけでなく，企業においても地震対策への関心が高まってきました。

地震が発生すると二次災害として，津波，火災，液状化，土砂崩れ等が起こります。そして，建物や人への被害，ガス・水道・電気・通信等のライフラインへの被害等，人々の生活に甚大な影響を及ぼす可能性があります。<u>日本ではどの地域でも，地震は起こりうるリスクであるため，最低でも震度6弱を想定したリスク対策はしておくべき</u>でしょう。

【津波】

津波は海底で発生した地震が原因で起こりますが，時にははるか遠方から時間をかけてやってくる場合があります。東日本大震災では想定よりも，はるかに大きな津波が押し寄せました。そして，河川を遡上し上流部にまで多大な被害をもたらし，私たちは津波の恐ろしさを嫌というほど思い知らされました。

津波から命を守るには，とにかく避難することです。できるだけ早く安全な場所に逃げることが何より大事です。気象庁では津波を「大津波警報（10m）」，「津波警報（3m）」，「津波注意報（1m）」の分類で定義しています。

津波警報が出たら，すぐに避難することが重要です。海に面した街の事

業者は必ず，ハザードマップを確認し，避難経路等について把握しておく必要があります。

【洪水】

　洪水は長雨により河川が氾濫して，溢れたり，堤防の決壊により発生するため，特に川に近い位置にある事業者は要注意です。

　また，近くに川がないからと言って安心してはいられません。大気が不安定なときに発生する局地的な大雨「ゲリラ豪雨」等により，市街地では雨水の排水が間に合わずに起きる洪水もあります。これを「内水氾濫」と言います。地下室（街）に雨水が流れ込む場合，被害が大きくなるため要注意です。

【土砂崩れ】

　傾斜が急な山が多い日本は，台風や大雨等が引き金となって，がけ崩れや土石流，地すべりなどによる土砂災害が発生しやすい国土環境にあります。地域のハザードマップで，土砂災害の起こりうる場所を確認し，自社が該当していないか，確認する必要があります。

【火山】

　我が国には現在111の活火山があり，世界でも有数の火山国です。噴火した場合，噴石，火砕流，火山泥流，溶岩流，火山灰，火山ガス等の発生により近隣の地域は大きな被害を受けることになります。活火山の近くにある企業は地域のハザードマップを確認し，リスクとして想定しておく必要があります。

【感染症】

　新型コロナウイルス等感染症は自然災害と比べて，不確実性が高く予測が困難ですが，今般のコロナ禍のように長期化するおそれがあります。建

物設備やインフラなどへの影響はありませんが，ヒトへの影響（健康被害）が大きくなり，事業継続と感染拡大の防止を並行して行っていく難しさがあります。また，海外で発生した場合には，国内に入ってくるまで多少の時間的猶予があるので，その間にできる対策を実施することがポイントとなります。

ハザードマップの見方

　役場から取り寄せたハザードマップを確認すると，うちの旅館は川には近いが比較的高い場所にあるため，浸水については最大でも 50cm 以内ということがわかった。避難するタイミングが重要と言えるな。
　また，地震については J-SHIS（地震ハザードステーション）のサイトで調べると，震度６強の発生確率が 26％以上あるようだ。やはり，地震対策は必須だ。

　地震はもちろんのこと，最近は台風，大雨による洪水も多発しているので，こちらも自社にとって，重大なリスクとして捉える必要があります。地震に関しては，多くの地震が起こっていることが経験上わかっていても，これまでのデータによる科学的根拠があるとより一層，リアリティが出てきます。

　そう言えば，役場でハザードマップをもらう時，担当者から「何に使うのか？」と聞かれた。
　我が社で BCP を策定する旨，伝えたらえらく感心されたよ。

それは良かったですね。役場としても，理想的な使われ方でハザードマップが活用されたので，喜んでいたことでしょう。
　自社に BCP があることを自治体に知ってもらうことは，今後，災害対策で役場と連携をしていく際にも，何かと都合が良いと思いますよ。

　自然災害をリスクとして具体的に想定する場合，ハザードマップを活用します。**ハザードマップは，別名「被害予測地図」**ともいい，地震，津波・高潮，洪水，噴火などの自然災害が発生した際に予測される被害の大きさと被害が及ぶ範囲を地図化したもので，予測される被害の拡大範囲および被害程度，さらには避難経路，避難場所などの情報を地図上で確認することができます。

　ハザードマップは各自治体の窓口またはホームページから取得可能となっています。ほとんどの方は普段あまり見る機会はないと思いますが，せっかく BCP に取り組むのですから，これを機にハザードマップをじっくり見てみましょう。

　国交省のハザードマップポータルサイトでは，**「わがまちハザードマップ」**として各市町村が作成したハザードマップへのリンクがあり，地域ごとのさまざまな種類のハザードマップを閲覧できます。また，**「重ねるハザードマップ」**では，洪水・土砂災害・津波のリスク情報，道路防災情報，土地の特徴・成り立ちなどを地図や写真に自由に重ねて表示できます。

（出典）国土交通省ハザードマップポータルサイトより

　ハザードマップは取得しただけでは意味がありません。自社の所在地を地図上にプロットし，例えば，洪水であれば，どの程度の浸水の可能性があるか確認します。

　地震については，**J-SHIS（地震ハザードステーション）**のサイトが役に立ちます。

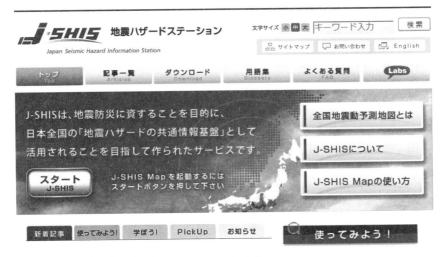

（出典）J-SHIS（地震ハザードステーション）より

　本サイトでは，今後，30年の間に震度5強，震度5弱，震度6強，震度6弱の地震が起こる確率を地図上に色分けで確認することができます。26%以上の赤はもちろん，6〜25%のオレンジの表示がされている地域もリスクとして想定する必要があるでしょう。

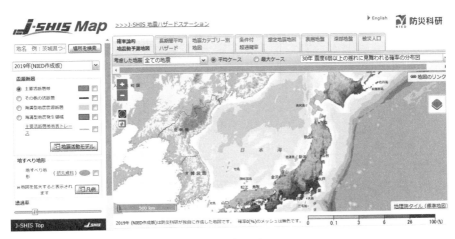

（出典）J-SHIS（地震ハザードステーション）より

前述のとおり，自然災害の場合，同じ地域においても事業者の所在地により，それぞれリスクの度合いが異なります。ここで，注意すべきは，「事務所の所在地が安全だからと言って安心してはいられない」ということです。事務所以外の会社の資産である倉庫，車庫，作業場，店舗等も併せて考える必要があります。倉庫，車庫が河川の付近に所在するケースは多々見受けられます。これらが，浸水により被害に遭うことも想定しておきましょう。

　日頃はあまり考えたくないことですが，最悪の状態になったら自社はどういうことになるか，想像力を働かせて想定する勇気が必要です。その覚悟があり，日頃から準備をしておけば，たいていの場合，何とかなるものです。
　ハザードマップはインターネットでも確認できますが，あえて役場へ足を運び，紙のマップをもらって来ることをおすすめします。自社がBCPを策定していることをアピールできるうえ，役場にも喜んでもらえ，さらなる信頼も得られます。それぞれの事業者がこのような行動をとれば間接的に，地域として強靱化を図っていくことにもなるでしょう。

ハザードマップで避難所を確認する

　続いて，災害発生時の避難所について確認しましょう。

　今さら，確認するまでもない。避難所は近隣の小学校で，これはすべての従業員，そして町民が認識しているよ。

避難所というより，避難ルートの確認ですね。ハザードマップで，避難所と合わせて確認することで，より安全な避難ルートを把握することができます。
　例えば，洪水による浸水の状況によっては，その小学校へ向かうルートが危険な場合もありますよね。その場合，他の避難所へ移動したほうが安全です。

　小学校は低い場所にあるため，付近の道路はおそらく浸水しているだろうな。洪水の時は高い位置にある中学校のほうが安全そうだ。とにかく，お客様や従業員の安全が何より重要だ。災害の種類と状況により，複数の避難ルートのパターンを検討することにする。

　ハザードマップを確認することで，事業者の所在するエリアが，最悪どのような状態になるのか，具体的にイメージできるようになってきます。「災害なんて，何が起こるかわからないから，いちいち仮定で考えてもムダ」という発想から，かなり前進できるでしょう。実際に調査してみると，想定していたことが，起こりうる被害の2〜3割程度しかなかったということが多いはずです。

　ところで，昨今はスマホ（スマートフォン）が普及しています。会長はスマホをお使いですか？

もちろんさ。でも，恥ずかしながら実はこないだまでガラケーだったんだよ。

　スマホがいろいろ便利だとわかって，遅まきながら使い始めたんだがまだ，操作に慣れていなくてね。

　2019 年頃からはキャッシュレス決済も主流になり始めました。

　○○ペイ（スマホ決済の一般的なサービス名）を使って支払うとお得なこともあって，多くの人がスマホのキャッシュレス決済を使い始めましたね。

　実は，防災用のアプリでも便利なものがいろいろあるんですよ。今どきは，スマホを肌身離さず持っている状況なので，いざという時に助かります。

　是非，教えてくれ。ところでアプリってどこで売ってるんだ？

　アプリはネットからダウンロードして利用します。

　まずは NHK が無料で提供している「NHK ニュース・防災アプリ」を検索してダウンロードしてみてください。本アプリでは，災害情報をいち早く入手することができます。アプリマップ上で「表示切替」により雨雲，天気，気温等の気象情報と，土砂災害，竜巻，河川，地震，津波等の災害情報を確認することができます。

早速，使ってみて従業員にも紹介することにしよう。

（出典）NHK NEWS WEB　ホームページより

　このアプリでは各地の災害情報や避難情報を確認できます。全国の情報を収集できますが，あらかじめ３か所の情報を登録することができ，瞬時に状況を確認できる便利な機能があります。

（出典）NHK NEWS WEB　ホームページより

災害時の情報収集のスピードと正確性で，事業継続への対応に大きく差がついてきます。**日常的にこのようなツールを利用する**ことで，いざという時の，従業員自身の自助だけでなく会社自体の強靭化につながります。

 ミッション5

読者の皆様の地域でリスクとして想定する必要のある
自然災害は何でしょうか？
役場からハザードマップを取り寄せ，
地域として重要な災害を特定してください。
また，地震は日本では避けられないので必ず
リスクとして想定してください。
そして，感染症も事業継続に影響のあるリスクとして
想定します。
洗い出した結果を巻末の書式3－1（194頁）に
記入してみましょう。

2 災害等による影響を想定する

インフラへの影響

　自然災害を特定したところで，今度は「その災害が起こったら，インフラがどうなってしまうのか？」を確認しましょう。

　ここで言う，インフラとは，「ライフライン」「通信」「道路」「鉄道」などです。

　中小企業庁の「中小企業BCP策定運用指針」入門コースではインフラへの影響として以下の資料が掲載されています。

―――大規模地震（震度5弱以上）で想定される影響―――

インフラへの影響

ライフライン

■停電が発生し，水道とガスが停止する。
■その後，電気，水道，ガスの順番で復旧する。

利用の可否：×

情報通信

■電話やインターネット等が発生直後は，つながらなくなる。
■その後，ケーブル断線の復旧等により，順次復旧する。

利用の可否：×

道路

■一部の道路が通行規制となる。
■その他の道路で，渋滞が発生する。

利用の可否：△

鉄道

■発生直後は，鉄道の運行が完全に停止する。
■その後，被害の少ない地域から順次再開する。

利用の可否：×

（出典）中小企業庁「BCP策定運用指針」入門コースより

震度6以上の場合，ほとんどすべてのインフラが麻痺，震度5弱だと一部利用不可ということだな。

　　道路はあまり意識になかったが，こういう時は情報収集が重要になるな。いざという時，慌てずに済むように，日頃の訓練と準備がとても重要であることがわかった。

　中核事業を推進していくうえで，インフラ利用の可否は大きな問題です。前述のとおり重要業務のボトルネックとなるようなものは，あらかじめ事前対策が必要です。

　<u>インフラへの影響を検討する際に，災害ごとに細かく見ていく必要はありません。なぜなら，どんな災害であれインフラが使えないこと自体が問題であるからです。</u>日本全国で起こりうる，地震による影響を想定することで十分です。この作業の目的は，大きな地震が発生するとインフラがほとんど使えないということを「認識し準備をすること」にあります。

大地震が起きると，

● 携帯電話がつながりにくくなります。

　　通信設備が被災すると，もちろんつながりませんが，災害時には，多くの人が電話をかけるため，回線速度が遅くなってつながりにくくなったり，通信システムそのものがダウンすることもありえます。この現象を**輻輳（ふくそう）**と言います。

　　BCP では，電話以外の方法で連絡する手段をあらかじめ用意しておく必要があります。

● 道路が通れなくなります。

　　建物が崩れたり，土砂崩れにより寸断するなど，道路が通れなくなる

原因はいくつかあります。避難のため，歩行者や自動車が集中し大渋滞する場合もあります。地震以外には，洪水による通行止めなどもよく起こります。事前対策としては，通常のルートが使えない場合の代わりのルートを確認しておくということになります。

●電車が動かなくなります。

　停電により，あるいは，線路が寸断されたり，安全確認に時間がかかるなどの理由により，相当な時間電車が動かないことがあります。その結果，都市部では帰宅難民が大量に発生します。その事前対策として従業員が社内で宿泊できるための準備に，水，食料，毛布等の備蓄を行う企業が増えてきています。

●電気，ガス，水道が使えなくなります。

　ライフラインと呼ばれる，電気，ガス，水道のインフラは事業継続にとって必ず，**ボトルネック**になります。被害の状況によっては復旧まで長期間を要する場合もあるため，事前対策としてライフラインの確保を検討しておくことをおすすめします。

　電気については，発電機を導入する企業が増えてきています。最近は非常時の用途としての製品ラインナップが充実してきていますが，まずは，自社で必要な消費電力を計算して，目的に合った適当な機種の選定を行うと良いでしょう。選定方法については第4章で後述します。

　インターネットは，一時的につながらない状態になったとしても，比較的早期に復旧すると思われます。広域に及ぶ大規模災害の場合は別として，インターネットは災害に強いインフラだからです。

　電話がつながらない場合，ネットを活用した連絡方法を検討しておきましょう。ただし，業務においてはネットが利用できない場合を想定した準備（例えばアナログ方式の対応）も考えておく必要があります。

　災害時のライフラインへの影響については，気象庁が，公開している「気

象庁震度階級関連解説表」も大変，参考になります。

【ライフライン・インフラ等への影響】

種　類	影　響
ガス供給の停止	安全装置のあるガスメーター（マイコンメーター）では**震度5弱**程度以上の揺れで遮断装置が作動し，<u>ガスの供給を停止</u>する。さらに揺れが強い場合には，安全のため地域ブロック単位でガス供給が止まることがある。※
断水，停電の発生	**震度5弱**程度以上の揺れがあった地域では，<u>断水，停電</u>が発生することがある。※
鉄道の停止，高速道路の規制等	**震度4**程度以上の揺れがあった場合には，<u>鉄道，高速道路</u>などで，安全確認のため，<u>運転見合わせ，速度規制，通行規制</u>が，各事業者の判断によって行われる。（安全確認のための基準は，事業者や地域によって異なる。）
電話等通信の障害	地震災害の発生時，揺れの強い地域やその周辺の地域において，電話・インターネット等による安否確認，見舞い，問合せが増加し，電話等がつながりにくい状況（ふくそう）が起こることがある。そのための対策として，**震度6弱**程度以上の揺れがあった地震などの災害の発生時に，通信事業者により<u>災害用伝言ダイヤルや災害用伝言板</u>などの提供が行われる。
エレベーターの停止	地震管制装置付きのエレベーターは，**震度5弱**程度以上の揺れがあった場合，<u>安全のため自動停止</u>する。運転再開には，安全確認などのため，時間がかかることがある。

※震度6強程度以上の揺れとなる地震があった場合には，広い地域で，ガス，水道，電気の供給が停止することがある。

（出典）気象庁ホームページ「気象庁震度階級関連解説表」より

我が社の事業への影響

先ほどは，インフラへの影響を検討しましたが，今度は自社の事業への影響を考えます。インフラは地域全般へ影響を及ぼしますが，ここでは自社ならではの条件，事情が入り込んできます。

中小企業庁の「中小企業BCP策定運用指針」入門コースでは参考資料として，自社への影響について以下の資料が掲載されています。

―――大規模地震（震度5弱以上）で想定される影響―――

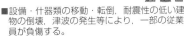

あなたの会社への影響

 人

- 設備・什器類の移動・転倒，耐震性の低い建物の倒壊，津波の発生等により，一部の従業員が負傷する。
- 従業員やその家族の負傷，交通機関の停止等により，一部の従業員が出社できなくなる。

 情報

- パソコン等の機器類が破損する。
- 重要な書類・データ（顧客管理簿，仕入先管理簿，商品の設計図等）が復旧できなくなる。

 物

- 工場・店舗等が，大破・倒壊・浸水する。
- 固定していない設備・什器類が移動・転倒する。
- 商品・備品類が落下・破損する。
- 仕入先の被災により，部品や原材料等が調達できずに，商品の生産・販売ができなくなる。

 金

- 工場の生産停止や従業員の出社率の低下により事業が停止してしまい，その間の売上がなくなる。
- 会社の運転資金（従業員の給与，賃借料等）と建物・設備等の復旧のための資金が必要となる。

（出典）中小企業庁「ＢＣＰ策定運用指針」入門コースより

これを見ると，製造業，小売業の会社を想定しているようだけど，どの会社にも該当しそうなものばかりだな。

これらはあくまで基本的な事項とご理解ください。大事なことは，自社ならではの，致命的な要素を見落とさないことです。

　そうか。それにしても，この分類はどこかで見たような気がする。

　そうです。前回行った，重要業務を行うために必要な経営資源の洗い出しで，「人」「物」「情報」「金」「その他」で分類しましたね。
　ここで影響を考える分類も同様なのです。「その他」は「人」「物」「情報」「金」のいずれにも分類されないものです。

　闇雲に対策していくより，このような分類で考えると，取り組みやすい。
　担当ごとにチームで分担することもできそうだ。

　そのとおりです。BCP は全社的に取り組むものですが，担当分けしたチームで進めていく側面もあるんですよ。

　自社の被害の想定は，現状のまま放置しておくと，どうなってしまうのかを認識することが重要です。それを踏まえて，事前対策で改善していきましょう。

　ここでは，中小企業庁の**「事業継続力強化計画策定の手引き」**に震度6弱の地震を想定した具体的な記載があるのでこれを参考としながら解説していきます。第1章で紹介した国の事業継続力強化計画の認定を受けるための申請書に，これらの記載が必要となります。

●人員に関する影響

（自然災害による影響）

　旅館の営業時間中に被災した場合，設備の落下，避難中の転倒などにより，けが人が発生する。また，公共交通機関の停止，道路の通行止めにより，お客様の移動に支障が出てくる。道路の通行止めの場合，従業員が帰宅困難者となるほか，夜間に発災した場合，翌営業日の従業員の出社が困難となる。

　これら被害が事業活動に与える影響として，復旧作業の遅れ並びに，特定の従業員が専属で担当していた部分について業務再開が困難となることで，宿泊業としての提供サービスの質の低下等が想定される。

（感染症による影響）

　国内で感染症の発生が確認された場合には，移動の制限や行政からの外出自粛要請等により，旅館において必要な人員を確保できなくなることが想定される。また，国内で感染が拡大し，本人または家族が感染した場合には，長期間出勤できなくなる従業員が複数発生することが想定される。これら被害が事業活動に与える影響として，従業員が専属で担当していた業務が滞る。加えて営業等の停止を検討せざるを得なくなり，顧客に迷惑をかけることなどが想定される。

（参考）中小企業庁の「事業継続力強化計画策定の手引き」

　営業中に被災した場合，<u>従業員だけの問題ではなく，来店，来社中のお</u>

客様への影響も考慮に入れることが重要です。まずはお客様の安全を確保し，けがのないように避難してもらうことを**初動対応**として盛り込みます。

　また，道路の通行止めはお客様，従業員それぞれに影響があります。道路情報の収集等，日頃からその方法を確立させておきたいところです。そして，一時的ではあれ従業員が不足するということは結局は事業再開の遅れにつながり，売上ダウンという結果を招くことも事業者は十分認識しておかなければいけません。

●建物・設備に関する影響

（自然災害による影響）

　旅館の建物は，新耐震基準を満たしているため，揺れによる建物倒壊の心配は無いものと思われる。一方，設備は，停電が発生すれば一時的に停止するが発電機の使用ですぐに復旧の見込みである。また，揺れにより厨房や事務室，フロント，店舗（売店）の設備が損傷するほか，配管や配線類が断裂する。この場合，復旧にかなりの時間を要する可能性がある。また，洪水による浸水でフロントが利用できなくなるおそれがある。

　車両が利用できない状況になるとお客様の送迎に支障が出るというリスクが現実化する。インフラについては，電力・水道は1週間程度，都市ガスは2週間程度，供給が停止するほか，公共交通機関は1週間ほど機能不全となるおそれがある。

　これら被害が事業活動に与える影響として，宿泊事業の全部又は一部の停止などが想定される。

（感染症による影響）

　国内で感染が拡大し，従業員が感染した場合には，飛沫や接触により客室・設備・什器や事務用の端末，文房具等の共有物や，水回り等に病原体が

付着すること, 感染拡大の防止のための設備・備品 (空気清浄機, 防護服等) のコストの増加, 消毒作業による営業活動の一時的停止等が想定される。これら被害の事業活動に与える影響として一時的な顧客離れも想定される。

(参考) 中小企業庁の「事業継続力強化計画策定の手引き」

　建物や設備の破壊, インフラの停止は事業の推進に大きく影響します。特に建物については, **昭和 56 年以前 (旧耐震基準) の古い建物**の場合, 震度 6 以上の地震が起こると, 大きな被害を受ける可能性があるため, 建て替えあるいは, 新しい建物に移転する等の対策が必要になります。その場合, 費用が莫大であること, 一定期間営業を停止せざるをえないことなどを考慮し, 複数年単位での事業計画として考えなければなりません。

　機械等の設備は地震で転倒しないように耐震補強する, 浸水で水に浸からないように基礎をかさ上げする等で被害の軽減を図ることができるでしょう。

　他方で, 電気, ガス, 水道, 通信等のインフラが, 一時的に利用できない場合, どのように業務を行うことができるか, 代替案を検討します。

　感染症の場合は, 建物・設備の破損はなく, インフラも普通に利用できますが, 病原体の消毒作業が必要となり, 一時的に利用できない状態となります。その間, 営業停止せざるをえないのはともかく, さらには, 予約済みのお客様がキャンセルするという事態に至ると一時的な売上ダウンは避けられない状況となります。

●資金繰りに関する影響

(自然災害による影響)
　財務状況は健全で一定の内部留保もあるため, 事業が中断しても, 当面 1 ヵ月程度の運転資金については問題ない。ただ, 復旧が長期化した場合の対策はやはり考えなくてはならない。建物・設備に被害が生ずる場合にあっ

ては，これらの復旧費用が別途必要となる。

　これら被害が事業活動に与える影響として，円滑な資金調達ができなければ，運転資金が枯渇することや復旧費用を捻出できないことが想定される。

(感染症による影響)

　国内で感染症の発生が確認された場合には，感染拡大防止の目的から従業員の出勤率を下げることにより旅館の稼働率の低下が想定される。加えて，感染拡大防止のための設備・備品等の調達コストが発生し，収益を圧迫することが想定される。

　これら被害が事業活動に与える影響として，売上が急減する一方，固定費等の支出が増加し，資金繰りが悪化することが想定される。

(参考)　中小企業庁の「事業継続力強化計画策定の手引き」

　資金繰りについては，事業が中断すると**「収入がなくなること」**と**「復旧に費用がかかること」**の両方の側面から考える必要があります。日頃から，災害時に利用できる日本政策金融公庫などの低利融資を調べておくと安心です。

　また，もうひとつの対策としては**「保険」**があります。保険というリスクファイナンスで強靭化を図るという方法も即効性があり効果的です。

● 情報に関する影響

(自然災害による影響)

　オフィス内にあるサーバー（顧客情報，予約情報，財務資料，設備資料等を保管）が浸水すれば，バックアップしているデータ以外は喪失する恐れがある。また，バックアップデータもオフィスに保管しているため，同時に喪失する可能性がある。

これら被害が事業活動に与える影響として，重要な情報が喪失すれば，フロント業務，精算業務，取引先への支払，売掛金の回収などが困難となることが想定される。

（感染症による影響）

国内で感染症の発生が確認された場合には，在宅勤務の実施時に，従業員の自宅パソコンから会社の機密情報等の重要情報が漏えいし，取引先への信用を失うことが想定される。

国内で感染が拡大し，従業員が感染した場合には，決算関係の財務情報等など，重要な情報を扱う従業員が通勤できなくなることが想定される。

（参考）中小企業庁の「事業継続力強化計画策定の手引き」

情報については，喪失した際の影響をあまり想定していない事業者が多いように感じます。バックアップを取れば安心という単純な対処ではなく，情報を分類して管理していきたいところです。

すべてがデジタルデータである必要はありません。中小企業・小規模事業者の場合，紙ベースの台帳を有効活用するという対応で業務が回るケースも多々あります。例えば，滞在中のお客様のチェックイン時の台帳等はITが利用できない場合，重要な情報となります。

そして，情報の取扱いについては，社内の規定（ルール）の整備やセキュリティ教育と合わせて，考えていく必要があります。BCPへの取組みをきっかけに社内の情報管理の仕組みを強化してみてはいかがでしょうか。

●その他の影響

自然災害により物流に影響が出た場合，事業上必要な備品・消耗品，食材，燃料等の納品が滞るリスクは想定しておく必要がある。

物流への被害が事業活動に与える影響として，取引先からの，材料の仕入

れを行えないなどの事態が想定される。

（参考）中小企業庁の「事業継続力強化計画策定の手引き」

　その他の影響については，「インフラ」等，上記4種類のカテゴリ以外の要素が分類されます。上記例のように，自社だけでなく，他者の外部要因により事業継続が中断する場合も起こりえます。外部との調整は時間を要するため，BCPとしては比較的高度な内容になりますが，毎年の運用のなかで少しでもマシ（強靭化）にしていく業務改善としてご理解ください。

　それでは，皆様の事業についての影響を考えてみましょう。先に提示した例を部分的に調整して自社に合った内容にすると効率よく進められます。

ミッション6

読者の皆様の地域でリスクとして想定する自然災害が
事業に及ぼす影響はどの程度でしょうか？
インフラへの影響，自社への影響の観点から
それぞれ検討してください。
洗い出した結果を巻末の書式3−2（195〜
196頁）に記入してみましょう。

第 4 章

事前対策の実施

― 少しずつ強靭化を進める ―

　前章で検討した災害の特定と自社に及ぼす影響を踏まえ，「人」「物」「情報」「金」「その他」の観点から対策を行い，いざという時に備えます。この対策は一度にすべてをやる必要はありません。できる範囲で毎年少しずつ強靭化を図っていけば良いのです。

安否確認ルールの整備

　今日は，いよいよ第4のステップ，BCP のメインとも言える，事前対策です。この辺の話になると防災の要素がかなり入ってくるので，イメージしやすいと思います。まずは「人」の対策から始めます。ところで，会長の旅館では非常時の安否確認はどのように考えていますか？

　ご多分にもれず，やはり携帯電話だな。ケータイで安否を確認するのが，一番手っ取り早いだろう。

　確か，従業員はパートを含めると 40 名くらいいましたよね。まさか，会長が皆に電話するんですか？

　いやいや，それはさすがに無理なので，支配人と分担して連絡するよ。

　では，支配人と電話がつながらなかったらどうしますか？
　それに，それぞれ誰に連絡してどのように情報を集約するか決まってませんよね。災害時には，ケータイはまずつながらないと思っていたほう

が良いでしょう。ケータイ以外に連絡がとれる手段を事前に検討しておく必要があります。

確かに今のままでは，支配人に連絡が取れなかったらアウトだ……。

　災害時の初動対応のひとつに**安否確認**があります。状況によってはすぐに参集できない従業員もいるので，まずは，全員の無事を確認し，事業継続のために誰が動けるのかを早急に把握したいところです。前述のとおり，災害時には，誰もが携帯で連絡を取ろうとするため，輻輳（ふくそう）が発生して電話がつながりにくくなります。また，真夜中に地震が起きた場合，非常時とはいえ，会社から個人の携帯に電話するのは気が引けてしまいます。そこで，携帯電話以外に連絡を取り合える方法を用意しておきましょう。

　一般的なのは，携帯メールです。携帯電話がつながらなくてもメールなら，多少遅延はあったとしてもいつかは届きます。あるいは，SMS（ショートメール）も有効です。SMSは携帯の番号を指定してメッセージを送信できる手軽なサービスです。安否の報告だけなので，長い文章は不要です。最近はLINE（ライン）がかなり普及しており利用者も多い状況なので，日常的にLINEで業務の連絡を取り合っている会社もあります。LINEは有力な手段と考えて良いでしょう。

　ただ，会社として利用するなら筆者はLINE WORKSのようなコミュニケーションツールをおすすめします。かつてのグループウェアのサービスは近年，チャット系のものが主流となりつつあり，チャット以外にもスケジュールや掲示板といった機能が用意されており，組織としての情報共有に適しています。アンケート機能を利用することで，簡易な安否確認システムとしても利用することができます。無料で利用できるものが多く，コ

スト的なメリットも大きいと言えます。LINE は個人が利用するものと考え，会社では LINE WORKS を利用して情報共有を行うという方法をおすすめします。

　　自社で確保する複数の連絡手段として，

> **第1順位：コミュニケーションツール（LINE WORKS 等）**
> **第2順位：携帯メールまたは SMS**
> **第3順位：SNS（LINE, Facebook 等）**

としてはいかがでしょうか。

　　なお，手段が決まっただけでは，完全に効果を発揮できません。その手順を決めておくことこそが最も重要です。誰が，いつ，何を連絡するのか？あるいは報告するのか？　そして，それを誰がどのように集約し，責任者（社長）に報告するのか。このルールを整備して従業員皆が理解していること。これが重要なのです。

　　そして，年に１度は安否確認の訓練をすることをおすすめします。個人の都合で携帯メールのアドレスが変わることなど，普通に起こりうるので，訓練でそれが発覚すれば，いざという時，メールが届かないといった悲劇を防ぐことができます。

　　たくさんの従業員の安否確認をするには，一定の条件を決めて，従業員のほうから会社に連絡を入れてもらう仕組みが効率が良いと思います。例えば，震度５弱以上の地震が起きたら，全員会社にメールをする。あるいは，コミュニケーションツールで報告するというものです。

　　ただし，これは絶対強制ではなく，「できる人は」という程度で結構です。何らかの事情で連絡できないケースが十分考えられるので，その時は連絡が取れるまで待つ姿勢で良いと思います。ポイントは誰が参集して事業継続の対応が可能なのかをいち早く把握することが目的だということです。

　前記の内容を会社としてルール化し安否確認マニュアルとして整備します。マニュアルと言っても大げさなものではなく，Ａ４用紙１枚でも構いません。

　記載内容としては以下の項目を載せておくと良いでしょう。
- 安否確認の方針（例：自身で会社へ報告する）
- 安否確認の発動条件（例：震度５弱以上の地震発生時）
- 安否確認の項目（例：自身の安否，家族の安否，被害状況，出勤の可否，その他）
- 安否確認の方法（例：優先順位第１〜第３まで個別に記載）

避難計画の作成

　事前対策としては宿泊中のお客様が安全に避難できる段取りも明確にしたいですね。以前，災害時の避難所の話をしました（90頁）。災害の種類によって避難の方法を事前に検討しましょう。
　誰がどのようにお客様の誘導をするか等，決まっていますか？

　問題は発災の時間だな。昼と真夜中では従業員の数が格段に違うのが旅館業の悩ましいところなんだ。
　深夜に災害が起きたらと考えると夜もおちおち眠れないよ。先生，この苦労わかってくれるかい？

もちろんです。この機会に万全な計画を立てて，夜はゆっくり眠れるようにしましょう。それが，きっと皆の幸せにつながるはずです。

　一刻を争う時には，従業員が分担してお客様を安全に避難誘導します。1階，2階，3階と責任者を分担するのも良いでしょう。火災発生時の準備として，すでに防災計画がしっかりしていればそのまま機能します。

　宿直担当者のシフトにより，非常時にすぐに動けるようにあらかじめ責任者を決めておくことを**日常の業務の一部**として取り入れていきます。

　発生時の避難について，特に夜中，就寝中の場合，お客様にいかに伝えるかも考えておくべきです。館内放送が使えれば良いのですが，できない場合，各フロア毎に大声で知らせて歩く，あるいは一部屋ずつノックして知らせる等が考えられます。

　ロビーに集まってきたお客様をいきなり避難所へ連れていくのではなく，まずは，屋外の駐車場などのスペースに一度，参集させ，移動するか留まるかを判断します。

　避難の仕方についてお客様への十分な説明をすることで混乱を防ぐ目的もあります。季節によっては防寒具の提供もしたいところです。そのための備蓄も多少はあったほうが良いので，いきなりは無理でも少しずつ避難に必要なものをそろえていくと良いでしょう。

防災備蓄の準備

　社内である程度の備蓄が必要というが，食料と水は何人分，何日分用意する必要があるのか。

　当社でも少しずつ備蓄を増やしているが，たくさん用意しても，すぐに古くなり消費期限が切れるとムダになってしまう。これはどう考えたらよいか？

　備蓄については各社，同じような悩みを持たれています。食料と水について，通常の会社であれば，災害時に会社に詰めて災害対策本部として対応するメンバー，そして，災害の影響で帰宅できない従業員の分を**3日分程度**用意しておけば十分でしょう。

　ただ，会長の場合は旅館業なので宿泊中のお客様の分の食料と水も必要ですね。ある程度，料理の食材の在庫で賄えるとは思いますが。

　食料・水の備蓄については消費期限の管理が必要です。期限が近づいているものは従業員で消費しムダに廃棄しないように有効活用しましょう。このことが，会社に備蓄があることを認識させ安心感につながる効果もあります。

食料と水以外には何が必要だろうか？

　何と言っても，筆頭に挙げられるのは**簡易トイレ（非常用トイレ）**です。それから毛布，衛生用品といったところでしょうか。トイレは館内にたく

さんあるとお思いでしょうが，地震などで水洗の配管自体が断裂して利用できないことも想定されます。簡易トイレが不要となっても避難所などに提供することもできるので，たくさん備蓄しておくことをおすすめします。

　あと，冬季を想定してポータブルの石油ストーブが数台あると安心ですね。

　そろえるものが結構ありそうだ。
　購入自体も大変だが，保管場所や管理コストもかかりそうだな。

　一度に完璧を目指すと大変なので，少しずつ増強してはいかがでしょうか。あまり無理せず，身の丈に合った BCP でいきましょう。

　東日本大震災の際に大量の帰宅難民者が発生したことを踏まえ，東京都では災害時に社内にとどまることを想定し3日分の水・食料を備蓄することを条例で努力義務として推奨しています。

　地方においても災害時には帰宅できない可能性があります。また，災害対策本部として泊まり込みで対応するメンバーもいることから，同じように社内に**3日分の水・食料の備蓄は必須**と考えてください。参考までに基本的な備蓄の品目について以下にリストアップします。

【備蓄品目】

No.	備蓄品目	具体的内容	数量（1人当たり）
1	水	ペットボトル入り飲料水	1日3リットル, 計9リットル
2	食料	アルファ化米, クラッカー, 乾パン, カップ麺	1日3食, 計9食
3	防寒具	毛布または保温シート	1枚以上
4	トイレ	簡易トイレ（非常用トイレ）	1日6個, 計18個
5	衛生用品	トイレットペーパー, ウェットティッシュ, 生理用品等	必要量
6	その他	懐中電灯, 携帯用充電器, 乾電池等	必要量

　食料については，なるべく**温かいものを用意**できればなお良しです。災害時に精神的にもつらい状況のなか，温かいものを口にすることで安心できる効果があります。

代替要員による対策

　先日の経営資源の洗い出しの際の話にも出ましたが，この人がいないと業務を行えないという人材面でのボトルネックは何とかしなくてはいけません。

先生が「多能工化」と言ってたやつだな。

そうです。訓練でひとり二役できるようになれば，かなり強靭化が進みますよ。社内でひとり二役を制度として推進してはどうでしょう。

　当人のスキルアップにもつながり学習する組織に成長しますよ。

　BCP に取り組むと人材育成の効果もあるのだな。会社から強制するのではなく，何とか本人から手を挙げてもらう方向にもっていきたいな。

　特に中小企業においては，この人がいないとかなり困った状態になるといったキーマンが必ず存在します。ですが，これは会社としてのリスクになるため，何とかしなければなりません。日頃から，多能工化を推進することでかなりの強靭化が実現できます。

　別にキーマンと同等のパフォーマンスを発揮できなくても構いません。**操業度 30％ででも事業を継続する**。この原則を思い出してください。そのうえで，慣れていない人が従事するにあたり，マニュアルの整備が重要となってきます。これは簡単なことではありませんが，業務そのものの品質を上げるには大変効果的です。

　マニュアルがあることで，新しく採用した人もスムーズに業務に入っていくことができます。ある程度，BCP の形ができたら，各種マニュアルの整備にも取り組んでいきたいものです。

2　「物」の対策の検討

設備の固定

　これは地震対策に特化したものですが，旅館内あるいは事務所において地震の揺れで転倒しそうなものはありませんか？
　転倒して破損すると業務を行えなくなるのも恐いですが，それ以上に人に危害が及ぶリスクもあります。

　まずは，客室のテレビを固定しよう。また，事務室のキャビネット，複合機，そして厨房の調理台や冷蔵庫，そしてロビーの有名芸術家による作品の大型オブジェ，大型テレビなどの固定が必要だ。

　たくさんありますが，いずれも大事ですね。設備の固定は耐震金具を買ってくればだいたいは間に合うので，今年度，優先的に対策しましょう。

　設備の固定は人命保護への対策，財産保全への対策の両方の側面を持ち，防災的な要素を多分に含んでいます。固定用の器具を購入すれば簡単に実現できるものも多数あるので，日頃の BCP 活動として取り組みやすいと言っていいでしょう。年に一度，防災訓練などのタイミングで皆で協力してやるのも良いかもしれません。

大企業の場合は，「人」においても代替が効くケースが多いですが，中小企業・小規模事業者の場合はそうもいきません。人が無事であることが事業の存続に大きく左右します。この観点では，大企業のBCPとは少しばかり性格を異にします。

　大企業の場合は取引先への影響を踏まえた中核事業の優先度等，サービス停止による事業損失等，経営戦略的な考え方でリスクを判断して対策しますが，中小企業・小規模事業者の場合は理屈抜きでとにかく**人命保護を最重視**します。

　災害時に怪我しないための最大限の対策を行う価値はあると考えてください。

代替方法による対策

　続いて物の代替方法についてです。

　壊れてしまったものは仕方がありません。また，必要な材料を調達できないケースも考えられます。

　この場合，他の方法で代替できれば，事業を中断せずに済みます。

　BCPとはこの危機をどうやってしのぐかが本質であると考えて，災害時の物の代替について検討しましょう。

　普段，当たり前に使えているものがない場合，どうやって業務を行うか，想像力を働かせる必要があるな。材料・備品・消耗品の仕入れ先は複数の業者に分散しリスクを低減することにしよう。以前行った経営資源

の洗い出しが有効だろうな（63頁）。

　すぐにアイディアを出せたものは問題ないが，ボトルネックになるものに優先して対応しなければいけないな。我が社の場合，やはり電気が重要だ。今年度，発電機を導入したいと考えているがどのように選定したらよいだろうか？

　すばらしいです。BCP の本質をかなりよく理解されてきています。ボトルネックを放置しておいては強靭化は図れません。御社の場合，電気がボトルネックだということですが，最近は防災目的で発電機を導入する企業も増えてきており，製品ラインナップも充実してきています。まずは，どの程度の電力が必要か試算してから自社に合った機種の選定を行いましょう。

　早速，業務に必要な電気器具を洗い出し，必要電力の試算をすることにする。

　最近では，発電機の導入は，BCP での重要な対策と考えられています。北海道胆振東部地震の影響により長時間のブラックアウトで痛い目にあった企業も多かったようです。

　最近は防災用の製品も充実してきており，中小企業・小規模事業者でも導入できる安価な製品も出てきています。導入について前向きに検討されてはいかがでしょうか。導入の手順としては以下のステップで考えます。

ステップ*1* 必要電力の試算

　非常時に必要な電気機器を洗い出し，必要な電力の試算を行います。この際のポイントは消費電力ではなく起動電力で考えることです。機器によっては，消費電力の2倍～5倍も要するものもあります。これらを合算して，自社においてトータルで必要な電力を算出します。

 ### ステップ*2* 出力の選定

　算出した必要電力より，最適な発電機の出力を選定します。発電機のカタログでは定格出力（安定して出力できる電力）の単位として VA（ボルトアンペア）という記載がされています。必要な電力が 1200W であるなら 1200VA 以上の発電機を選定する必要があります。

 ### ステップ*3* タイプの選定

　発電機にはタイプが存在します。例えばヤマハ発電機の場合，「スタンダード」「インバータ」「FW」の3タイプがあります。それぞれのタイプの特徴を踏まえ，自社の用途に合った最適なものを選定しましょう。各タイプの特徴は以下のとおりです。

　スタンダード方式はシンプルな構造を採用し，価格が安く高出力なのが特徴です。**インバータ方式**はインバータという装置を内蔵したタイプで，パソコンなどの精密機器でも安心して使える良質な電気を作ることができ，低燃費かつコンパクトです。**FW方式**はいわばこの両方の中間の特性をもつ発電機です。FW 方式は出力が比較的安定していて，インバータ方式よりも価格がリーズナブルです。

ステップ**4**　燃料の選定

　発電機の燃料にはガソリン又はカセットボンベの２種類があります。**ガソリン方式**は発電コストが安く，長時間の連続運転も可能です。**カセットボンベ方式**はガソリンに比べて燃料の使用期限が長く，保管も容易なため一般家庭の防災用としても利用されます。

　発電機は自社で必要な電気を一台ですべて賄う必要はありません。前記のタイプ別，燃料別の特徴を活かし，必要な場所で必要な用途に合わせて導入することをおすすめします。

　その他に「水」も重要な経営資源と言えるでしょう。水道は復旧するまで時間を要します。水が止まり，トイレが利用できなくて困ったという話をよく耳にします。
　このような事態に備えて，近くの川や井戸，貯水池から水をくみ上げるためのポンプを備蓄しておくといざという時にも安心です。ポンプは，生活用水の確保以外でも，屋内に浸水した水のくみ出しという用途でも利用できます。

　経済産業省の**事業継続力強化計画の認定**を受けると，発電機，ポンプといった防災目的のため100万円以上の機械装置を新規に導入した場合，20％の特別償却（令和5年4月1日以後に取得する対象設備は特別償却18％）となる税制優遇措置を受けられます。

「物」にはもうひとつ対策があります。材料・備品・消耗品の調達に支障が出る場合に備えて，ある程度在庫を確保しておくという対策です。

それは財務的にみると在庫管理の原則に反するじゃないか。

必要な時に必要なだけタイムリーに調達するのが管理コストの削減にもなりベストなやり方だろう。

おっしゃるとおりですが，BCP 的には真逆なんですよ。

食材のように消費期限のあるものは限度がありますが，BCP のためには，可能な範囲で在庫を抱えていたほうが，リスクの低減につながります。備品・消耗品など腐らないものは，ある程度の在庫を抱えておいても良いのではないでしょうか。

BCP 的には真逆の発想になるんだな。

倉庫の増強と合わせて，仕入れ担当と相談することにする。

　地震，噴火，洪水等，自然災害においては道路が通行止めになることが多々あり，物流が完全に途絶えてしまうことも想定されます。この場合，多少でも在庫があれば当面は事業継続に役立ちます。

　財務的な負担は増しますが，これも強靭化のためのコストと割り切ればリスクの低減につながり，同業他社に対しての競争力となります。食材だけでなく，毛布，衛生用品等のホテル・旅館なら通常あるものを非常時に提供することで地域への貢献も可能になるでしょう。

3　「情報」の対策の検討

重要な情報機器の備蓄

　次は「情報」についての対策です。今も昔も業務を推進するには情報の活用が必須です。

　現在では IT は経営の必須要素ということで，具体的には PC を利用して日々，業務を行っています。

　PC は「物」ではありますが，情報の活用手段として，ここで取り上げたいと思います。会長の旅館でも PC はたくさんありますよね。

　業務での利用はもちろん，お客様にインターネットを利用してもらうためロビーにも PC を設置している。全部で 20 台以上はあるな。

　その PC が使えなくなると，業務を行ううえで大きな支障が出てきそうですね。

　PC が壊れていなくても電源が利用できない場合も考えられます。

　いくらバックアップをきちんと取っていても PC が使えないと，そのデータを活用することができません。

　確かに電気が使えないと情報の活用ができないな。

やはり，発電機は必須だ。それもインバータタイプのものだ。

即効性のある方法として，ノートPCの活用をおすすめします。
　ノートPCであればバッテリーがあるので，停電時でも少しの時間で
あれば利用することができます。
　また，持ち運びが容易なので，代替拠点など他の場所に移動して業務を
行う際にも効果を発揮します。

我が社は旅館業という業種がら，予約において旅行サイトが重要な営
業手段になっている。予約管理，顧客管理等を考えても，IT はかなり重
要な位置付けにある。この件を再認識し予備機も含めて，次年度は IT 機
器の増強に予算を確保していくことにしよう。

　今どきは，仕事をするうえでパソコンの利用が必須となっています。筆
者が以前，BCP の導入を支援した企業（当該企業は実際に被災経験あり）
で，代替拠点で事業を継続する際に一番困ったことは何かという質問に対
して，**「パソコンの利用ができなかったこと」**という答えが返ってきまし
た。

　業種にもよりますが，パソコンがないと仕事にならないという方は多い
のではないでしょうか。筆者ももちろんそうです。これに備えて，予備機
をそろえておくことは大変効果があります。
　ただし，日常的に利用している必要があります。倉庫に古い機種を備蓄
しておいても，長期間利用していないといざ利用しようとするときに，大
量の Windows のアップデート更新が始まります。
　併せて，インターネットの利用については，社内で通常，利用している

ネット環境が利用できない場合に備えて，モバイルルーターがあると安心です。ネットに接続できない場合でも，旅行サイトの更新，予約の管理等緊急を要する場合に効果を発揮します。

　重要な IT 機器への投資は，いざというときに利用できないというリスクを回避する大きな価値が生まれます。少しの投資で強靭化を図る有効な方法と言えるでしょう。

重要なデータの適切な保管

　もうひとつ，「情報」の対策で重要な要素が**「クラウド」**です。以前もお伝えしましたが，クラウドの活用は離れた場所での「情報共有」に加えて，BCP においても効果を発揮します。

　インターネット上にデータがあれば，ネットに接続することさえできれば，情報の活用がすぐにでき，代替拠点においても業務の再開が可能となるからです。

　以前，先生のすすめにより少し調べてみたんだが，今は無料で使えるクラウドストレージ（ファイル倉庫）もたくさんあり，データの保管だけであれば，簡単にできるんだな。

　問題はセキュリティだ。重要なデータは多少コストがかかってもセキュリティが強固な信頼できる会社のサービスを利用することを検討するよ。

昨今，クラウドは IT 活用の主流です。そして，モバイル端末を利用することでさらに効果を発揮します。場所にとらわれずに情報を活用できる「クラウド」＋「モバイル」が IT 活用の王道と言って良いでしょう。ただ，便利な一方，「守り」も必要で，セキュリティ対策も併せて考えなければいけません。重要なデータの保管は，技術的な対策だけでなく，社内で利用する際のルールもしっかり決め，教育していくことが求められます。

　業務の際にちょっと参照したい情報等は無料のストレージサービスで十分ですが，大切な情報を預ける以上，やはり国内の信用の高い企業のサービスの利用が望ましいでしょう。

会長の旅館では基幹システムについても結構，IT 化が進んでますね。

　5年前の導入は，かなりの投資となったが，業務の効率化も進み，生産性がかなり上がった。社内もペーパーレス化が進み，FAX の利用も激減した。
　そろそろ投資分の回収ができそうな時期だよ。

　ただし，このシステムが利用できないと業務はお手上げではないですか。
　最悪の事態に備えて，必要情報の紙への出力も日々の業務フローに組み込んではいかがでしょうか。

これもまた，時代の流れと逆行する話だな。
BCP というのは進化を巻き戻すような性格があるんだな。

IT の発展によりどんどん便利になっていく反面，ついつい，それを失った時の想定を忘れがちになります。
紙の台帳は，もちろん効率は落ちますが，アナログ方式でシステムが復旧するまでしのぐことができます。
最後はノートと鉛筆と電卓が頼りになることもあるのですよ。

目からウロコとはこのことだ。

　前述のとおり，業務に必要な情報は，一度全体を整理して，重要度に応じて管理方法を区別していくことをおすすめします。万一，システムが使えなくても，何とか業務を回せるように紙の運用について想像力を働かせて考えてみましょう。

　とりわけ業務オペレーションについて社内で話し合ってみることが大変有効です。紙の資料は管理コスト，保管コスト，廃棄コストが発生しますがリスクの低減という観点では費用対効果を発揮できると思います。

情報収集・発信手段の確保

　非常時には情報収集と関係機関への発信が必要となります。主要顧客や各種公共機関の**連絡先リストを作成**する等，迅速に連絡できるよう日頃から準備しておくと良いでしょう。

　ただし，このリストは場合によっては会社の機密情報になることもあるので取扱いには十分注意が必要です。前述のとおり，もちろん電話以外で伝える手段も確保したいところです。

　メール，LINE 等で日頃から確認しておくことでスムーズな連絡が実現できます。電話がつながらない時，相手が近隣にいる場合は，直接，自転車で向かうという方法も耳にしますが，筆者はあまりおすすめしません。災害時には道中の危険も想定され，また，先方も混乱している状況だと思うため，直接来られても対応できないことが考えられるからです。

　会長の旅館の場合，遠方で当地の被災を知った既に予約をされているお客様に，旅館の状態を適切に発信するにはホームページやフェイスブック，ツイッター等の SNS による情報発信が有効です。

　ホームページは自社で更新できるでしょうか？　ノート PC とネット環境さえあれば環境的には可能なはずなので，あとは対応できる「人」を育成するだけです。もしも SNS を運用している場合，その投稿内容をプラグイン等でホームページに埋め込んで，そこで発信することで，ホームページを見た人にも状況が伝わるという効果が期待できます。SNS による情報発信を是非，検討してみてください。

4 「金」の対策の検討

緊急時に必要な資金の調達

　会長の旅館では運転資金についてはあまり問題なさそうですが。ただし，いざという時のため，やはり金融機関からの融資ということも考えておく必要はありませんか？

　そのとおりだ。先日の話を受け，支配人と相談して，政策金融公庫の担当者とこの件について話をしてきたよ。その際，災害時に被災した事業者向けに緊急融資の制度があることがわかった。

　しかも，ありがたいことに通常より低利だ。事前に申請方法を知っておくことで，緊急の際にスピーディに申し込みができそうだ。

　何しろ，災害時には運転資金と復旧資金のダブルパンチが来ますからね。

　準備をしておくに越したことはないでしょう。

既に，申し込み用紙も入手済みだ。

災害時には緊急に事業資金が必要となります。そのための準備を日頃から調べておくと安心です。もうひとつ，事前対策に必要な資金面についても併せて考えておきたいところです。前述の事業継続力強化計画の認定を受けることで，設備投資に必要な資金について，日本政策金融公庫より通常より低利で融資を受けることができます。

　また，同じく事業継続力強化計画の実行にあたり，資金調達のため民間金融機関から融資を受ける際，信用保証協会による信用保証のうち，普通保険等とは別枠での追加保証や保証枠の拡大が受けられます。

　発電機の導入の箇所でも触れましたが，中小企業防災・減災投資促進税制では，認定された事業継続力強化計画に従って取得した一定の設備等について取得価額の 20%（令和5年4月1日以後に取得等をする対象設備は特別償却 18%）の特別償却が適用できます。

　特別償却とは，政府の政策税制である租税特別法に基づいて，通常の減価償却費に上乗せする形で償却費を計上できる優遇措置で，設備投資を行った初年度の経費を多めに計上することができるため，翌年の税金が安くなるという節税効果があります。

対象設備の例

減価償却資産の種類	対象となるものの用途
機械及び装置 （100万円以上）	自家発電設備，浄水装置，揚水ポンプ，排水ポンプ，制震・免震装置 （これらと同等に，自然災害の発生が事業活動に与える影響の軽減に資する機能を有するものを含む。）
器具及び備品 （30万円以上）	自然災害：全ての設備 感染症：サーモグラフィ装置 （同等に，感染症の発生が事業活動に与える影響の軽減に資する機能を有するものを含む。）

建物附属設備 (60万円以上)	自家発電設備, キュービクル式高圧受電設備, 変圧器, 配電設備, 電力供給自動制御システム, 照明設備, 無停電電源装置, 貯水タンク, 浄水装置, 排水ポンプ, 揚水ポンプ, 格納式避難設備, 止水板, 制震・免震装置, 架台(対象設備をかさ上げするために取得等をするものに限る。), 防水シャッター (これらと同等に, 自然災害の発生が事業活動に与える影響の軽減に資する機能を有するものを含む。)

(参考) 中小企業庁の「事業継続力強化計画策定の手引き」

　税制優遇や, 公庫の融資を受けて設備を導入する場合, 事業継続力強化計画に何年間で「どのような設備を」,「どのような目的で」,「どのように活用するか」を今後の計画欄に明記する必要があります。

　また, 金融支援を受ける場合は計画の資金調達の欄に使途・用途や資金調達方法等を記載する必要があります。今後, これらの設備を導入したり, 資金調達の予定のある事業者は本事業を有効活用されると良いでしょう。

保険によるリスクの移転

　「金」に関連する**リスクファイナンスとして「保険」**も重要です。
　火災保険以外にもいろいろあるので, この際, 検討してみることをおすすめします。

保険の範囲については，一度，保険会社に確認する必要があると思っていたところだ。これをきっかけに一部，見直しを図っていくことにしよう。

　地震保険や，現在加入している火災保険について，水災補償特約を加えるのは，**「リスクの移転」**として，企業の強靭化を図るうえではとても有効な方法です。余力があれば，設備や在庫にも範囲を広げても良いでしょう。

　ひと言で事前対策と言ってもいろいろあるんだな。
　「保険」についても支配人と相談することにした。

　通常の火災保険では，地震による損壊・埋没等の損害はもちろん，地震による火災損害も補償されません。

　したがって，地震による損害を補償するためには，火災保険だけでなく併せて地震危険補償特約を契約することをおすすめします。地震保険単独では契約できず，火災保険とセットとなるのが一般的です。

5 「その他」の対策の検討

外部機関との連携

　最後は,「その他」の対策になりますが, いざという時, 社外の組織との連携ができれば BCP 的にはかなり強力な体制となります。
　ただし, 外部機関との連携は少し時間がかかり難易度が高い対策かもしれません。

　当町には旅館業の組合があるので, いざという時は同業者で力を合わせて, 例えば, 避難者の受け入れとか, 食事の炊き出しで協力体制を組むことはできそうだ。

　それには組合員の旅館もそれぞれ BCP を策定する必要があります。
　自社が混乱していると人助けをしている余裕がなくなるかもしれません。
　おそらく, 全社が BCP の策定を完了するには少し時間がかかるので, 今年度はまず, そのための基礎固めの位置付けとしましょう。

　確かにそのとおりだ。
　いずれにしても, 次の定例会には提案してみることにする。

ところで，商工会はどうでしょうか。会長が声掛けすれば，賛同してくれる事業者は多いのではないでしょうか。

　商工会には事務局もありますし，地域の事業者との接点も多く，もろもろの調整がとてもやりやすいと思います。

　確かに。旅館業組合と商工会の橋渡しをするには，おそらく私以上の適任者はいないな。

　後は，役場か。来週，町長と会うので役場の考え方を聞いてみる。

　まずは，自社のBCPを完成させ，後に続く企業を増やしていくことを進めよう。

　BCPで外部と連携することの難易度は高く，いずれステップアップしてから検討することで構いません。ただし，ここでは考え方だけでも触れておきたいと思います。

　同業者でも，同じ町内ではなく，遠方の場合，ビジネス上の直接の競争相手にはならないケースが多くあります。両者で協定を結び，いざという時はお互い，助け合うというのはどうでしょうか。

　遠方であるため，両方が同時に被災する確率はかなり低いと言えるでしょう。ですが，協定と言っても，あまり重たい内容だと互いに躊躇してしまいます。両者の負担のないレベルで備品や備蓄の貸し借りをする程度でも良いと思います。

　同業者の団体は多数ありますので，そこで連携するというのは組織の目的にも合致していて望ましいと思います。

　さて，これまで，事前対策として「人」「物」「情報」「金」「その他」の分類でノウハウも含めて長々と論じて来ましたが，BCP初期策定版の対策記載方法はシンプルな内容で結構です。サンプルとして以下のイメージでとらえてください。

事前対策の記載例

No.	分　類	対策（現状）	対策（今後の取組み）
1 （人）	自然災害が発生した場合における人員体制の整備	・現在，具体的な対策は行っていない。	・安否確認ルールを整備する。 ・避難計画マニュアルを作成する。 ・防災備蓄の準備をする。 ・社員の多能工化を進める。
2 （物）	事業継続力強化に資する設備，機器及び装置の導入	・現在，具体的な対策は行っていない。	・客室，事務室，厨房の設備の固定を行う。 ・材料，備品，消耗品の備蓄を増やす。 ・停電の発生に備えて，自社に合った自家発電装置を導入する。 ・水道の停止に備えて，近くを流れる川から水を汲み上げるポンプを備蓄する。
3 （情報）	事業活動を継続するための重要情報の保護	・現在，具体的な対策は行っていない。	・IT機器（ノートPC等）の増強のため設備投資を実施する。 ・クラウドサービスの利用により情報の共有を図り，非常時に備える。 ・情報を整理して重要度によって管理をする。一部，紙の運用も推進する。

4 (金)	事業活動を継続するための資金の調達手段の確保	・災害時の緊急融資について調査し,申請書も取り寄せ済み。 ・現在,火災保険に加入している。火災保険の対象範囲は,建物のみの契約である。	・政策金融公庫の防災対策の融資制度を調査し利用して設備の増強を図る。また,特別償却による減税効果を図る。 ・現在加入している火災保険について,地震特約,水災補償特約を加える。
5 (その他)	事業活動を継続するためのその他の対策	・現在,具体的な対策は行っていない。	・災害時の対策において旅館業組合と商工会が連携を図る方向で調整する。

（参考）中小企業庁の「事業継続力強化計画策定の手引き」

　BCPにおける事前対策の実施の成果物としては上記一覧表にまとめたものだけです。実は,これを今年度の実施計画として「全従業員を巻き込んで」精査,検討する「プロセスにこそ意味がある」のです。これをそのとおり,我が社の事前対策として流用することは簡単ですが,それを社内に展開したかどうかにより実効性は大きく異なるでしょう。

　この実施計画に1年がかりで取り組んだ結果,当然,関連する資料が増えてきますので,それらがBCPの補足資料として増えてくることになります。対応した項目は,左側の対策（現状）のほうに移動し,次年度,新たに取り組むことが,対策（今後の取組み）のほうに追加されます。この運用を年々繰り返すことによって確実に自社の強靭化は進んでいくことになります。

「少しずつ，強靭化を進める」
この考え方でゆっくりまいりましょう。

 ミッション7

読者の皆様の会社で
今年1年で実施予定の事前の対策について，
経営資源「人」「物」「情報」「金」「その他」
の観点から検討してください。
検討した結果を巻末の書式4－1（197頁）に
記入してみましょう。

第 5 章

緊急時の
体制の整備

― いざという時の段取りを準備 ―

　災害発生時に備えて，社内の体制を整備しておく必要があります。初動対応として，避難誘導，安否確認，二次災害の防止等について，あらかじめ準備をしておけば，皆で分担して迅速に行動することができます。続いて，自社が生き残るための事業継続を行います。

BCP 発動フロー

　いよいよ最終の第5のステップ「緊急時の体制整備」です。このステップでは災害発生時，どのような手順で事業継続を行っていくかという緊急時の対応について検討します。まず，真っ先に何からすべきでしょうか？

　それは，やはり**人命救助**だろう。とにかく，館内にいるお客様を安全に避難誘導させなきゃなるまい。それに火災が発生していたら消火活動も必要だ。

　そうですね。そのように真っ先に行う対応を**初動対応**と呼びます。これは重要業務と区別して考えるという話を以前しましたね（58頁）。初動対応を行い，災害対策本部を立ち上げ，その後，BCP 発動という手順で進みます。

　災害対策本部を立ち上げるため少しでも早く，従業員に参集してもらう必要がある。
　そのためにはやはり安否確認をスピーディに行う仕組みが必要だ。

　災害時の BCP 発動までのおおまかな流れは以下のように **BCP 発動フロー**というかたちで整理しておくと良いでしょう。災害発生直後には，各自がすぐに初動対応を行います。上司がいれば，その指示に従い，いなければ各自の判断で最善を尽くします。

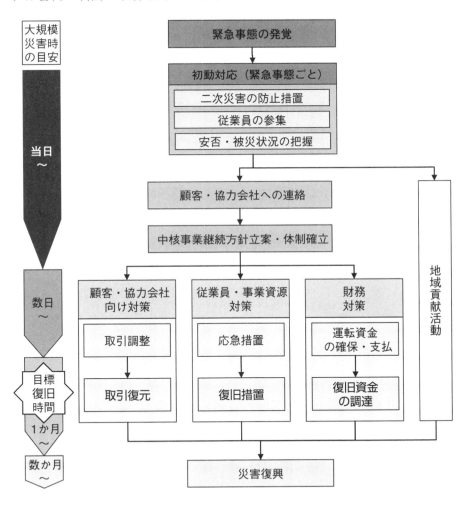

（出典）中小企業庁「BCP 策定運用指針」ホームページより

続いて，すぐに災害対策本部を立ち上げ，総括責任者がBCP発動の判断を行います。被害が軽微である場合は，BCPではなく，通常の復旧活動で足りる場合もあります。

　BCP発動の場合，なるべく速やかに，顧客，役場等の関係機関に被災状況を連絡するとともに，中核事業の継続方針を立案し，その実施体制を確立します。
　その後，中核事業継続方針に基づき，各チーム毎に「顧客・協力会社向け対策」，「従業員・事業資源対策」，「財務対策」を並行して進めます。また，地域貢献活動も実施します。
　最後に，緊急事態の進展・収束にあわせて，応急対策，復旧対策，復興対策を進めるという流れになります。

　前記の中小企業庁BCP策定運用指針におけるフローでは初動対応として，「二次災害の防止措置」，「従業員の参集」，「安否・被災状況の把握」という内容で整理されています。それぞれについて解説していきます。

●二次災害の防止措置
　現場にいる従業員の判断で，お客様や従業員の安全を第一に被害を拡大させないよう措置を行います。統括責任者や部門長が現場に居合わせた場合は，従業員に指示を出します。
　事業所からの退避，けが人の応急手当，初期消火・消防への通報，重要書類の保護，機械設備の停止，危険物の確認等を行います。

●従業員の参集
　就業時間外等に緊急事態が発生した場合，経営者自身及び災害対策の主要メンバーは，会社に参集します。早急に安否確認を実施し，対応可能な従業員で役割分担して災害対策本部を立ち上げます。地震や風水害では，

従業員が**自主的に参集する基準**を事前に設けておくという方法もあります。

●安否・被災状況の把握

　来所中のお客様に負傷がないか確認します。続いて，従業員とその家族に負傷がないか確認します。従業員と連絡がつかない場合，連絡できない理由があるかもしれないため，慌てずに連絡を待ちます。<u>人命の確認のあと，建屋の損傷状況，機械・設備の損傷状況，通信機器の利用可否について調査</u>します。

　初動対応は各自の判断で迅速に行う必要があります。判断にあたっての基本的知識は日頃の教育で共有し組織的に根付かせていくと良いでしょう。初動対応のポイントについて災害毎に整理すると，以下のとおりです。

【地震における初動対応のポイント】

No.	ポイント	内　容
1	発災直後の安全確保	発災直後は，自分の身の安全の確保が必要です。落下物に気を付けつつ，大きな什器等から離れて机の下等に隠れて様子を見守りましょう。
2	津波からの避難	津波の危険性がある場合には，早急に高台等の指定避難場所に避難することが必要です。特に津波の危険性が指摘されている地域では，大きな揺れを感じたら素早く避難を開始することが求められます。 　津波は第2波や第3波が最大波高となる場合が多く，いったん津波が引いた場合でも沿岸部や浸水地域には近づかないようにしましょう。

3	2つの安全確認	安全な場所に避難するかどうかは，建物の被災状況と共に，土砂災害や堤防決壊等による影響も踏まえて判断するようにしましょう。
4	各自がルールに従い行動すること	発災直後は混乱していて社長が自ら全ての指示を出すことは困難であり，従業員が自発的に行動できるように，初動の活動や役割を従業員に周知しておきましょう。
5	会社以外の場所にいる場合の対応	地震が発生した場合に必ずしも会社にいるとは限りません。在宅時や通勤中，就業時間内の外出中の場合も考えられます。いずれの場合も会社への連絡は必要ですが，出社すべきかどうか等のそれ以外の事項については，どのような対応をとるべきかを予め決めておくことが必要です。 　従業員に**携帯カードを配布**する場合には，携帯カードにいくつかの場合ごとの対応について書いておくとよいでしょう。
6	他の地域の状況も確認すること	自分達が被災しない場合でも，他の地域で大きな被害が発生して取引先が被災した場合には間接的な影響が予想されるため，他の地域の状況も確認しましょう。 　また，地域に対しては要請を待つのではなく，積極的に支援ニーズが無いか確認する姿勢が大切です。そのため，緊急に帰宅する必要性の低い従業員は，地域への支援に積極的に参加することが求められます。

（出典）中小企業庁「BCP 策定運用指針」ホームページより

【風水害における初動対応のポイント】

No.	ポイント	内　容
1	警戒段階からの対応	風水害は突発的な自然現象ではないため，警戒段階から対応を始めることが重要です。警戒段階から準備を始めることにより，被害低減が可能です。 例）重要資産の高層階への移動，データのバックアップ，土のう・止水板の設置
2	情報源の把握	気象や河川水位，土砂災害に関する情報等の把握手段を把握しておくことが必要です。多くの情報はインターネットにより国土交通省（河川事務所，気象庁等）のホームページから把握できます。 　また，テレビやラジオで把握可能な情報も多くあります。
3	早期避難	避難勧告や避難指示が出ても既に浸水が始まっていたり，大雨で移動しにくい等で避難が困難な状況となっている可能性があります。 　お年寄り等の避難を早目に開始するために気象庁から避難準備情報が出るようになりましたので，この情報も参考にして，避難や従業員の帰宅は前倒しに行うことが求められます。

（出典）中小企業庁「BCP策定運用指針」ホームページより

【火災における初動対応のポイント】

No.	ポイント	内　容
1	「発見」「初期消火」「通報」はワンセット	原則として小火 (ぼや) で済みそうな場合でも，火災を発見した場合には直ちに消防に通報しましょう (消防からの要望)。 　勝手な判断で小火 (ぼや) で済みそうかどうかを見誤って，被害が拡大する危険性があることから，「発見」「初期消火」「通報」をワンセットとして実施しましょう。
2	初期の役割分担	火災を発見した後の「初期消火」「消防への通報」「周辺企業や住民への通報」は直ちに**併行して実施**する必要があるため，事前に役割分担を決めておきましょう。
3	初期消火の中止・避難	壁や天井に引火した場合には初期消火は非常に難しいと言われています。そのような状況になった場合には，初期消火を中止して速やかに避難を開始しましょう。 　また，火災発生から3分程度経過すると酸欠や有毒ガスの危険性が高まると言われていますので注意しましょう。
4	周辺企業や住民への通報	延焼の危険性もあることから，火災を発見した時点で消防のみならず，周辺企業や住民にも通報しましょう。
5	必ず鎮火後に消防の検分を受けること	特に小火 (ぼや) の場合に勝手に鎮火したと判断しないで，必ず消防の検分を受けるようにしましょう。過去の火災でも鎮火したと思っても見えない部分 (壁や屋根の裏等) で燃えていたり，温度が高い場所が残っており後で火災になった事例があります。 　このため，初期に消防へ通報することがまず重要です。

（出典）中小企業庁「BCP 策定運用指針」ホームページより

　地震については，緊急地震速報を受信したり，大きな揺れを感じたら，まずは落下物等から身を守り，揺れがおさまるまで待ちましょう。揺れが収まったら，自分の目と耳で確認した情報や災害情報・避難情報をもとに避難行動を判断する必要があります。

　日頃から，地震の規模により，どのような状態になるのか，知識としてあれば，避難時の判断に役立ちます。気象庁が，公開している「気象庁震度階級関連解説表」が，参考になります。

【人の体感・行動】

震度階級	人の体感・行動
5弱	大半の人が，恐怖を覚え，物につかまりたいと感じる。
5強	大半の人が，物につかまらないと歩くことが難しいなど，行動に支障を感じる。
6弱	立っていることが困難になる。
6強	立っていることができず，はわないと動くことができない。
7	揺れにほんろうされ，動くこともできず，飛ばされることもある。

（出典）気象庁ホームページ「気象庁震度階級関連解説表」より

【屋内の状況】

震度階級	屋内の状況
5弱	電灯などのつり下げ物は激しく揺れ，棚にある食器類，書棚の本が落ちることがある。 座りの悪い置物の大半が倒れる。 固定していない家具が移動することがあり，不安定なものは倒れることがある。
5強	棚にある食器類や書棚の本で，落ちるものが多くなる。 テレビが台から落ちることがある。 固定していない家具が倒れることがある。
6弱	固定していない家具の大半が移動し，倒れるものもある。 ドアが開かなくなることがある。
6強	固定していない家具のほとんどが移動し，倒れるものが多くなる。
7	固定していない家具のほとんどが移動したり倒れたりし，飛ぶこともある。

（出典）気象庁ホームページ「気象庁震度階級関連解説表」より

　前記の「人の体感・行動」「屋内の状況」の知識があれば，大地震発生時に体感でおよその震度の予想がつき外の状況もある程度，想像できます。
　また，震度の大きさにより，オフィスの棚の移動，転倒が発生することがわかれば，事前対策で固定する必要性も認識することができるでしょう。震度5強が発生する確率の高い地域では棚の固定が必須です。

【屋外の状況】

震度階級	屋外の状況
５弱	まれに窓ガラスが割れて落ちることがある。 電柱が揺れるのがわかる。道路に被害が生じることがある。
５強	窓ガラスが割れて落ちることがある。 補強されていないブロック塀が崩れることがある。 据付けが不十分な自動販売機が倒れることがある。 自動車の運転が困難となり，停止する車もある。
６弱	壁のタイルや窓ガラスが破損，落下することがある。
６強	壁のタイルや窓ガラスが破損，落下する建物が多くなる。 補強されていないブロック塀のほとんどが崩れる。
７	壁のタイルや窓ガラスが破損，落下する建物がさらに多くなる。 補強されているブロック塀も破損するものがある。

（出典）気象庁ホームページ「気象庁震度階級関連解説表」より

　震度５弱でも，ガラスの破片等，避難で屋外に出る際には注意を要しますが，震度５強以上になると，壁のタイル等，上からの落下もありうるので，かなり危険な状態になります。

　また，これまでブロック塀の転倒による事故も起きていますので，近くを通る際には十分注意を要します。

【地盤・斜面等の状況】

震度階級	地盤の状況	斜面等の状況
5弱	亀裂や液状化が生じることがある。	落石やがけ崩れが発生することがある。
5強		
6弱	地割れが生じることがある。	がけ崩れや地すべりが発生することがある。
6強	大きな地割れが生じることがある。	がけ崩れが多発し, 大規模な地すべりや山体の崩壊が発生することがある。
7		

(出典) 気象庁ホームページ「気象庁震度階級関連解説表」より

　震度6弱になると, 地割れが生ずるため, 地盤の弱い地域ではかなり危険な状態になります。斜面においては, がけ崩れや地すべりの危険があるため, 早めに避難したほうが良いでしょう。

　津波の危険がある場合は, 海岸から離れ, 一刻も早く高台へ避難することが大切です。

事業継続のための緊急対策

顧客, 協力会社への連絡

　初動対応が終わり, 災害対策本部が立ち上がった後は, BCP 発動の判断を行います。そして, できる限り速やかに顧客, 取引先, 役場, 商工会に連絡を取ります。会長の旅館の場合の連絡先はイメージできていますでしょうか?

我が社の重要な顧客である，旅行代理店へ連絡しなければならないな。こちらの状況を伝え，今後のツアーの対応も相談する必要がある。事業継続のためには，リネン業者，食材納品の取引先へも早急に連絡したい。

　そのためには連絡手段を万全に整える必要がありますね。
　あらかじめ，連絡方法をどうするか先方と相談して取り決めておけば安心です。

　そうだな。役場と商工会は近所なので，情報収集も兼ねて，早速，出向いて話し合ってみよう。

　災害発生時には，できるだけ早く，顧客，取引先と連絡を取ることがBCPの基本的な考え方です。顧客に対しては，事業所の被災状況，今後の納品等の目処，確実な連絡手段，次回の連絡時期を報告します。

　また，取引先に対しては，同様に報告を求めます。連絡を早急に取れる手段をあらかじめ確立しておくことは，お互いにとっての安心材料となります。

中核事業の継続方針立案・体制確立

　続いて，各種経営資源（「人」「物」「金」「情報」「インフラ」）についてそれぞれ調査を行い，ボトルネックの利用可否を踏まえ，中核事業への影響を判断します。また，中核事業の目標復旧時間の達成方針を立案するとともに，それを実施するための体制を確立します。

目標復旧時間について、あらかじめ検討していた「目処」を参考に、現在の被災状況、今後の事態進展の予測を考慮して設定します。目標復旧時間の設定は100%を想定する必要はなく、何％の操業度までもっていけるかを合わせて検討します。そして、その内容で、顧客の納得が得られるか、復旧後に経営が成り立つか、現実的かどうかを総合的に考えて設定します。

実施体制の確立

指揮命令系統とチーム毎の役割分担を従業員に指示します（役割分担毎の対策の詳細は次項で説明します）。そして、必要なら、会社ＯＢ、協同組合、取引先企業等から要員応援を仰ぎます。

事業所が損傷した場合、顧客や協力会社と連絡が取れ、従業員を指揮できる拠点場所（これを連絡拠点という）を確保します。最悪、連絡拠点が社長の自宅というケースもあります。

事業継続のための応急・復旧対策

続いて、自社の事業継続の具体的な作業へ取り掛かります。応急・復旧対策は、あらかじめ決めておいた担当のチーム（班）毎に連携を取りながら並行して進めることが時間の有効活用となり、目標復旧時間の達成につながります。

先の例のフロー（141頁）では、「顧客・協力会社向け対策」班、「従業員・事業資源対策」班、「財務対策」班と別れているが、我が社もこのような考え方で良いだろうか？

大きな役割として, **外部向け**と**内部向け**という分類になります。なので, たいていの企業はこれに当てはまるでしょう。

　ですが, 自社の担当者をイメージして班を整理しなおしても構いません。

　それでは, 我が社では, 客室対応班を別途設け, 宿泊中のお客様への対応を担当してもらおう。小さい会社なので, 財務対策班は従業員・事業資源対策班に組み込むことにする。

　BCP が発動され, 目標復旧時間までの短期間をしのぐために, 各担当が作業を分担して並行して応急・復旧対策を実施します。

　対策は大きな分類として外部向けと内部向けに分かれます。外部向けは営業・購買担当, 内部向けはサービス部門（又は製造部門）そして総務・経理という分類で担当するのが一般的ですが, 場合によっては非常時なので, 日頃の仕事と違った作業に応援に入ることもあるでしょう。以下ではそれぞれの対策の内容に触れていきます。

顧客・協力会社向け対策

　顧客, 協力会社との取引調整を行います。自社の被害状況を把握し, 事業が再開できる目処を判断した後, 顧客に対して再開時期と操業度レベルについて調整を行います。具体的には半月以内に 30%, 1 か月以内に 100% という内容を提示するのが一般的ですが, ここで以前設定した目標復旧時間が参考となります。

　当旅館の場合, 旅行代理店へ連絡し, 2 週間以内のツアー客の受け入れ

はいったんキャンセル，1か月先の予約は継続しても大丈夫ということを伝えます。そして，キャンセルされたお客様への対応も別途考えます。

旅行代理店にもお客様にも一時的に迷惑をかけますが，事情を説明し，対応をしっかり行うことで信用が維持され，今後の事業の継続が可能となります。

そのためには，協力会社との調整も必須で，互いに協力して難局を乗り越えるという覚悟が必要となってきます。日頃からの良好な関係構築がいざという時，効果を発揮します。

従業員・事業資源対策

従業員と事業継続について情報共有を行うとともに，被災した従業員に対して可能な限り生活支援を行います。同時に事業継続に必要な資源の代替調達や早期復旧を行います。

従業員の被災状況を正確に把握し，会社としてできる限りの支援を行います。場合によってはBCP発動後の対策班にすぐに参加できないケースもあると思いますが，食料や日用品そして住居の手配などを行います。

また，事業を再開するには何としても必要な資源の確保をしなければなりません。日頃の取引先が無理ならば，代替の調達先から仕入れます。そのための準備は事前対策の段階で準備しておきましょう。あるいは組合などを通して同業者から借りるという方法も有効です。日頃は競合する事業者でも，困ったときには助け合うという考え方で地域全体の利益を確保する意義を日頃から話し合っておくと良いでしょう。

設備が壊れた場合，業者に修理を依頼します。ですが非常時には，すぐに対応してもらえない場合を想定しておく必要があります。設備の復旧がボトルネックとなる場合は，事前対策の段階で何らかの代替手段を検討しておくことが重要です。目標復旧時間を達成するには「ボトルネックの代

替をどうするか？」これがポイントとなります。

財務対策

　当面の運転資金を確保したうえ，さらには事業復旧のための資金を確保します。大規模な地震や風水害などで災害救助法が適用されると，商工会議所や商工会などに特別相談窓口が設置されたり，地方自治体や政府系金融機関による緊急貸付制度が発足したりするので，活用しましょう。

　具体的な財務対策としては，運転資金の確保，決済不渡り対策，仕入支払い，給与支払い，復旧資金の確保等があります。日頃から経理の業務を整理し，経理担当者以外でも内容がわかるように業務マニュアルの作成等，業務改善を行っていると迅速な対応が可能となります。

地域貢献活動

　事業継続対策と並行して余力があれば，**会社の業種の特性を活かした地域貢献活動**を行います。市役所や町村役場，社会福祉協議会，地元自治会，ＮＰＯと連携しつつ，協同組合や商店街等で各自の役割分担を決めて行うと効果的です。最初の基本方針を検討する段階で，会社の特性を活かした基本方針の策定を行ったことを思い出してください。

　食料品や日用品の小売業の場合，在庫商品を避難所に無償提供するという案もあります。
　また，自社のBCPがしっかりしていれば，従業員のボランティア活動への参加を会社としてバックアップするということも可能になってきます。
　つまり，自社の事業継続に加えて地域活動に参加できるかどうかが，会社としての底力を試されることになります。

以上のプロセスで，ひとまず目標復旧時間を達成し，その後，本格的な復旧活動により少しずつ平時の状態へと回復していくという流れになります。

 ミッション8

読者の皆様の会社のBCP発動までのフローを
検討してみてください。
合わせてチーム（班）毎の体制を整備します。
検討した結果を巻末の書式5－1（198頁）に
記入してみましょう。
自社に合った形に修正して頂いて結構です。

2 社内体制の整備

統括責任者を明確にする

　ところで，会長の旅館では，災害発生時に全社の対応に関する重要な意思決定及び指揮命令をするのは誰ですか？

　もちろん，社長の私だ。

　でも，社長が不在の場合も結構ありますよね。
　東京への出張もよくあると聞きました。そんな時はどうしますか？

　携帯電話を使って遠方から意思決定と指揮を取ることはできそうだ。

　携帯電話がつながらなかったらどうでしょう？
　社内では，社長がつかまらないということできっと大混乱になるはずです。以前にもお話しましたが，**災害時には携帯はつながらない**と思ってください。
　BCPでは社長が不在の場合，代わりに指揮する代理責任者を決めておき，社内全体にそれを認識してもらうようにしましょう。代理責任者は経

営的な判断を行う立場であるため，役員になっている経営層の方が適任です。

　そうすると代理責任者は支配人が最適だ。この点についても，我が社のBCPに明記することにしよう。

　災害時に社長がつかまらなくて困ったという話をよく聞きます。そもそも，社長は社外に出て仕事をする機会が多いのが普通なので，最初からいないものと考えたほうが安全です。

「社長が不在でも，災害対策本部は機能する」

　上記の体制を整えていく必要があります。あるいは，社長以外のBCP担当役員を最初から責任者として設定する方法もあります。旅館業の場合，支配人は常に在館しているので，適任かもしれません。

　社長の代わりに指揮を取る人となると，中小企業の場合，ほとんど決まっていることでしょう。BCPではあえてそれを文書として明記します。また，できれば代理責任者不在の場合も想定し第2順位まで決めておけば安心です。

　BCP文書にあえて明記するという意味は，このことを社内全員が認識しておくためです。そして，本人がそれを自覚するという意味もあります。第1順位の責任者はともかく，第2順位の責任者は，まさか自分が会社の存続に関わる重要な経営判断をする立場であるとは思っていないかもしれません。BCPにこれを明記することで，本人にも自覚が生まれ，BCPへの取組み方も変わってくるはずです。

　もうひとつ気をつけることがあります。<u>代理責任者になる方は他の役割を兼務しないようにします。他の対応に追われていると間違いなく判断が遅れてしまいます。</u>責任者となる人は災害対策本部から動いてはいけません。責任者となる人には時々刻々と集まってくる情報をホワイトボードで整理して優先順位を考えながら，随時判断していくという重大な任務があるからです。

【統括責任者の記載例】

統括責任者の役割	統括責任者	代理責任者①	代理責任者②
全社の対応に関する重要な意思決定及び指揮命令	社長 強靭 太郎	支配人 × × × ×	総務部長 × × × ×

災害対策本部の設置

　会長，災害発生時の初動対応の後，責任者の最初の仕事は何だと思いますか？

　そりゃあ，真っ先にメンバーを招集し災害対策本部を立ち上げることだろう。

　では，会長の旅館の場合，災害対策本部の場所はどこになりますか？

一般的だと思うけど，我が社でも，やはり**会議室**かな。

会議室には，電話にホワイトボード，そして会議机がたくさんあるし。

次の先生の質問は予想がついたぞ。「会議室が使えなかったらどうするか」だろ？　この場合，大広間を分割して利用することにしたい。畳部屋なので，寝泊まりもできる。幸い，座布団も大量にある。

すばらしい。会長もかなり BCP 的な考え方が根付いてきましたね。**「もし，予定どおり使えなかったら？」** という発想を常に習慣的にイメージするくせをつけましょう。

　災害発生時の責任者の最初の仕事は主要メンバーを招集し，災害対策本部を立ち上げることです。本部の場所は，通常，電話，ホワイトボード，机，イスがたくさんある会議室が最適でしょう。ただし，会議室が利用できない状況に備え，代わりの拠点も想定しておくとより安心です。どこに，本部を立ち上げるか。この判断も責任者が行います。

　災害対策本部として予定している会議室には，日頃から以下の資機材を用意しておくことをおすすめします。一度にそろえなくても，少しずつ増強していくことで結構です。そして，リスト化して管理します。特に食料などは消費しながら管理する**「ローリングストック」**を実践していきましょう。

【災害対策本部備蓄品】

区　分	品　目	数　量
情報収集・整理	テレビ・ラジオ	1～2台
	ノートPC・ネット接続環境	1～2台
	ホワイトボード	1～2台
	携帯電話・モバイル充電器	必要量
	テーブルタップ	必要量
避難用具	ヘルメット・軍手	必要量
	懐中電灯	必要量
救命機材	バール・ノコギリ・スコップ・ハンマー	必要量
救護用品	救急箱・医薬品	1セット
代替設備	自家発電機	1台
	自家発電機の燃料（ガソリン・ガスボンベ）	必要量
	ランタン	2～3個
生活用品	非常食料	1セット
	水	1セット
	カセットコンロ・ガスボンベ	1セット
	調理器具（なべ・やかん等）	1セット
衛生用品	非常用トイレ（簡易トイレ）	必要量
	トイレットペーパー・ウェットティッシュ	必要量
	生理用品・紙おむつ	必要量
	大型ビニール袋・ゴミ袋	必要量
暑さ寒さ対策	扇風機	2～3台
	ストーブ（灯油）	2～3台
	寝袋・毛布	必要量

災害時，主要メンバーは災害対策本部にいつ集まりますか？
このルールも明確にしたいですね。

主要メンバーには，私と支配人から招集の連絡を入れる。
　災害の大きさによって無条件で出社することをルール化している会社
もあるようだが，夜間にもシフトで在館しているメンバーもいるので，我
が社では招集の強制はしないことにする。来られる人が来てくれれば良
いと思うが，どうだろうか？

従業員の負担のない形で始めるのは良いと思います。

　場所と併せて決めておく必要があるのは，災害対策本部の立ち上げ時期
です。

　「震度5強以上の場合，無条件に招集・立ち上げ＆BCP発動」といった
具合にあらかじめ，条件を決めておく方法もあります。これを**設置基準**と
言います。ただ，地震以外にも台風や洪水等，さまざまな自然災害もある
ためBCPの発動は現実的には責任者の判断とすることをおすすめしま
す。

　日頃から社内にBCPが定着していれば，個々のメンバーも自主的に，そ
して積極的に事業継続に関わってくれるでしょう。まずは，自宅そして家
族の安全を優先してもらうという姿勢のほうが，従業員の理解は得られる
と思います。

　そして，災害対策本部の主要メンバーは，BCP策定メンバーと同じで結構です。大企業の場合は異なるケースのほうが多いですが，中小企業・小規模事業者の場合，全く同じで構いません。各部門の責任者が参集するのです。

　そして，責任者が不在の時には代理の担当者が参加する。このような体制で十分と考えてください。

【災害対策本部となる場所の記載例】

災害対策本部の場所と参集条件	
拠点となる場所	本館会議室
参集条件	震度5強以上の大地震発生時 または，安否確認連絡ツールによる招集通知
参集メンバー	日中：全従業員 夜間：BCP主要メンバー　＋　同日宿直の者
備考	会議室に到着した者からマニュアルに従い，設営に着手する。

【代替災害対策本部となる場所の記載例】

代替の災害対策本部の場所と参集条件	
代替となる場所	別館大広間
参集条件	本館会議室が利用できない場合 または，安否確認連絡ツールによる代替の場所への招集通知
参集メンバー	日中：全従業員 夜間：BCP主要メンバー　＋　同日宿直の者
備考	別館も使用できない場合は，招集通知により指定された場所へ参集。

災害対策本部の仕事

　災害対策本部を立ち上げた後は，具体的にどのような運営が必要になるだろう？　経験すると要領がつかめると思うが，なかなかイメージがわかないので教えてほしい。

　災害対策本部の仕事はたくさんあります。
　例えば，情報収集，被害状況の把握，対応方針の決定，進捗管理，チーム（班）間の調整，備蓄品の管理，情報発信などを行います。

　そんなにあるのか。これらの仕事を手際よく行うには相当の経験とノウハウを要するな。

　経験があればあるほど良いのは間違いありません。そのため，ホワイトボードの内容や対策で実施したスケジュール等を写真撮影し記録に残しておくと，次の時には，かなり参考になります。

　ここでは，初動対応が終わってからの災害対策本部の活動についてご説明します。

● 被害状況の把握
　　災害による被害を外部（インフラ，取引先等）と内部（安否確認，社

内設備の被害）の両面で把握することで，今後の対応方針の判断材料とします。外部の被害状況については，テレビ，ラジオ，インターネットを駆使して情報収集を図ります。

　電話が利用できる場合，役場に問い合わせることも有効です。内部の被害状況については従業員に集めてもらい，対策本部で全情報を集約します。

●対応方針の決定

　限られた情報のなかで，その都度，最善な判断を行っていきます。新たな情報が入ってくることにより，対応は時々刻々と変わっていく可能性もあります。

　このため，統括責任者は対策本部に張り付いて，ホワイトボードを活用して，情報の整理に注力します。もちろん，電話によるステークホルダーへの説明も並行して行うことになるため，落ち着くまでにかなり多忙な状態になります。

●チーム（班）間の調整

　調整というのは主にリソースの配分と協力体制についてになります。予定していたメンバー全員が対策に参加できるとは限らないので，同時並行で最高のパフォーマンスを発揮できるよう，チーム間の作業負荷のバランスを取ります。

●備蓄品の管理

　救命・救護に必要な道具や機材の即時提供，食料・水等の支給と手配を行えるよう備蓄品の管理を行います。特に燃料の調達が重要となってくるでしょう。

●情報発信

　災害時には自社の状況を外部に発信することも重要です。ホームページが最も効果的なので，更新は業者任せにするのではなく，自社で対応できる準備が日頃から必要です。

　また，顧客や役場に自社の被害状況と再開の目処を報告することも重要です。

感染対策の BCP として必要なこと

　これまで緊急時の対応ということで，主に自然災害発生時の体制を中心に触れてまいりましたが，今回のコロナ禍の経験により，事業者は感染症が流行した場合についても同様に準備しておく必要があることを認識し始めています。感染症対策の BCP のポイントは，感染者又は感染症の疑いのある者が出た場合に会社としてどのような手順で対応するべきかあらかじめ検討しておくことです。

　ところで，読者の皆様は厚生労働省が 2021 年 4 月施行「令和 3 年度介護報酬改定」のタイミングで，介護事業者に BCP の策定を義務付けたことをご存じでしょうか？

　同省の資料「令和 3 年度介護報酬改定の主な事項について」のなかで，「感染症や災害が発生した場合であっても，必要な介護サービスが継続的に提供できる体制を構築する観点から，全ての介護サービス事業者を対象に，業務継続に向けた計画等の策定，研修の実施，訓練（シミュレーション）の実施等を義務づける。」と明記されています。ただし，急には無理なので（※3 年の経過措置期間を設ける）と猶予期間が設定されています。

　本件に関連して，厚生労働省より「介護施設・事業所における新型コロナウイルス感染症発生時の業務継続ガイドライン」と「介護施設・事業所における自然災害発生時の業務継続ガイドライン」がそれぞれ公表されています。事業継続ではなく業務継続という表現は厚生労働省ならではのものですが，基本的な考え方は同じと考えてください。

　感染症対策のBCP策定については，「介護施設・事業所における新型コロナウイルス感染症発生時の業務継続ガイドライン」に掲載されている，"新型コロナウイルス感染 (疑い) 者発生時の対応フローチャート"が大変，参考になるのでご紹介します。

　本フローチャートは入所・入居系の介護施設を想定しているため，一般の事業者には該当しない箇所もありますが，感染拡大防止策を前提とした大まかな流れについて，あらゆる事業者の参考になるはずです。特に，初動対応の段取りを明確にしておくことが有効で，いざという時，慌てずに済みます。

　BCP初期構築版においては，感染症の要素を盛り込み，168頁のフローを補足資料として添付しておくレベルで結構ですが，将来的には「自然災害対策版」と「感染症対策版」とそれぞれ計画を分けて作成することをおすすめします。

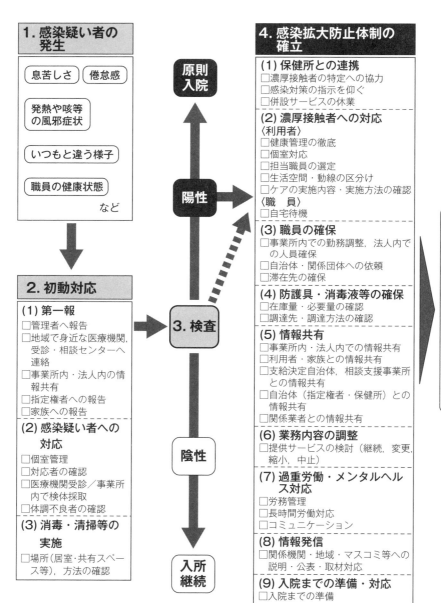

1. 感染疑い者の発生

息苦しさ　倦怠感

発熱や咳等の風邪症状

いつもと違う様子

職員の健康状態

など

2. 初動対応

(1) 第一報
- □管理者へ報告
- □地域で身近な医療機関，受診・相談センターへ連絡
- □事業所内・法人内の情報共有
- □指定権者への報告
- □家族への報告

(2) 感染疑い者への対応
- □個室管理
- □対応者の確認
- □医療機関受診／事業所内で検体採取
- □体調不良者の確認

(3) 消毒・清掃等の実施
- □場所（居室・共有スペース等），方法の確認

原則入院

陽性

3. 検査

陰性

入所継続

4. 感染拡大防止体制の確立

(1) 保健所との連携
- □濃厚接触者の特定への協力
- □感染対策の指示を仰ぐ
- □併設サービスの休業

(2) 濃厚接触者への対応
〈利用者〉
- □健康管理の徹底
- □個室対応
- □担当職員の選定
- □生活空間・動線の区分け
- □ケアの実施内容・実施方法の確認
〈職　員〉
- □自宅待機

(3) 職員の確保
- □事業所内での勤務調整，法人内での人員確保
- □自治体・関係団体への依頼
- □滞在先の確保

(4) 防護具・消毒液等の確保
- □在庫量・必要量の確認
- □調達先・調達方法の確認

(5) 情報共有
- □事業所内・法人内での情報共有
- □利用者・家族との情報共有
- □支給決定自治体，相談支援事業所との情報共有
- □自治体（指定権者・保健所）との情報共有
- □関係業者との情報共有

(6) 業務内容の調整
- □提供サービスの検討（継続，変更，縮小，中止）

(7) 過重労働・メンタルヘルス対応
- □労務管理
- □長時間労働対応
- □コミュニケーション

(8) 情報発信
- □関係機関・地域・マスコミ等への説明・公表・取材対応

(9) 入院までの準備・対応
- □入院までの準備

収束

（出典）厚生労働省「介護施設・事業所における新型コロナウイルス感染症発生時の業務継続ガイドライン」より

ミッション9

　読者の皆様の会社で社長の代わりに
事業における意思決定ができる方はいますか。
　　社長が不在の場合を想定し,
非常時に指揮を取れる人を選出してください。
できれば第2順位まで用意できると安心です。
そして,　災害対策本部の設置場所と代替拠点,
　対策本部主要メンバーの参集条件等を
　　あらかじめ決めておきます。
検討した結果を巻末の書式5-2（199頁）に
　　記入してみましょう。

第6章

BCP の運用

― 役立つ BCP に育てる ―

　最初に策定する BCP は現在, 自社でできるもの「身の丈に合った BCP」で十分です。大事なのは, これを年々, 育てていくことです。1 年間の取組みで, 従業員に BCP を定着させ, より一層, 強い会社に育てていくことこそが BCP の本質になります。

BCP 教育の実施

先生のおかげで一応，BCP の初期構築版が完成したよ。
我が社も，これでひとまず安心だ。

会長，安心するのはまだ，早いですよ。作成した**BCP を社内に定着**させていかなければ，いざという時，BCP は機能しません。
まずは，社内向けに今回策定した BCP の説明会をやりましょう。

そりゃあいい。早速やりたいが，従業員がまだ，BCP が何かを知らないと思うので，理解させるのが大変そうだな。

まずは，前段で会長から，今回 BCP を策定した目的を従業員の皆さんに説明してください。その後，私から BCP の概要についてご説明します。ある程度，基本を理解した後に，支配人から，自社の BCP を説明してもらってはどうでしょうか。

そうしよう。パートの従業員にも全員参加してもらう。参加できない人

> に後で見てもらうため動画撮影をしておこう。

　BCP は，策定して終わりではありません。緊急事態になった時に従業員が BCP を有効に活用し，適切な対応ができるように準備しておくことで初めて意味を成します。

　したがって，BCP を策定した後は，従業員に BCP の内容や BCP の重要性を理解してもらうために，社内における教育活動を実施することが重要となります。

　続いて，策定した対策を1年間かけて進めていくわけですが，その進捗と実施結果，そして次年度の新たな計画について社内で共有する必要があります。ついては定期的に勉強会・報告会を行うことが望ましいですが，全社員が一度に集まれる機会はなかなか作りづらいのも事実です。この場合，年に1～2回の全体会議の場を利用し，会議のレジュメに組み込んでおくのが良いでしょう。

【教育活動の例】

- ■毎年1回以上，経営者が従業員に対して BCP の進捗状況や問題点を説明する
- ■従業員各自が BCP の取組状況，役割分担の定期的な確認を行う
- ■策定した BCP のポイントに関する社内研修会を開催する
- ■BCP の内容等に関する社内掲示を実施する

（出典）中小企業庁「BCP 策定運用指針」ホームページより

　中小企業庁「中小企業 BCP 策定運用指針」では，教育計画について製造業の場合の具体例を以下の内容で例示しています。教育の担当者と実施時期まで記載しているので，担当者は本年度の計画について責任をもって取

り組まなくてはいけません。

　これは日々の業務と同様に，後回しにしてはいけない重要な仕事と考えてください。

> 経営者が従業員にBCPの進捗状況や問題点を説明する頻度を記入してください。また，従業員への教育活動としてあなたの会社でその他に実施可能なものを記載してください。

教育計画		
誰が？	何をする？	いつ？　もしくはどのくらいの頻度で？
経営者	従業員に対して，BCPの進捗状況や問題点を説明する	毎年 1 回
●△工場長	製造ラインの変更に伴うBCPへの影響について，工場内の従業員と共有化する	随時
××人事課長	BCPのポイントに関する社内研修会を開催する	毎年 1 回
●●営業部長	従業員各自のBCPの役割分担（社外との連絡担当等）の定期的な確認を行う	毎年 1 回

（出典）中小企業庁「BCP 策定運用指針」ホームページより

BCP 訓練の実施

　会長の旅館では，防災訓練を毎年やっているということでしたね。
　いざという時，策定した計画が機能するか確認するため，BCP 訓練も行う必要があります。

なかなかイメージがわかないけど，BCPの訓練とは何をやったらいいんだ？

訓練にはいろいろな種類がありますが，まずは最初の訓練として**「安否確認」**をおすすめします。

全従業員の安否確認が1時間以内に問題なくできるか訓練して確認しましょう。

確かに，安否確認の訓練は非常時には効果がありそうな気がする。我が社では，この訓練を毎年，実施したい。携帯メールを使う場合，使い方を忘れる人もいたり，メールアドレスが変わっている可能性もある。

ただ，初動対応の指示もしなければいけないので，支配人と私で手分けしても1時間はなかなか大変な気がしてきた。

会長，また理解が進みましたね。非常時に指揮を取る責任者は，短時間で対応メンバーからさまざまな判断を求められるので，とても忙しい状態になります。

安否確認は別に社長がやらなくても良いのですよ。担当者に任せて報告を受ければ良いのです。災害対策本部のホワイトボードを利用して，メンバー間で共有するのも有効です。

それもそうだ。総務部のメンバーにその任務を担当してもらおう。

ポイントは時間を計測して，問題点を記録しておくことです。これにより，実施の後，反省会も行い，毎回，時間を短縮できる工夫を試行錯誤していくことができます。

本番で練習以上の効果を発揮することはできませんからね。

　緊急事態発生時にBCPが有効に活用されるためには，ただBCPを策定しただけでは不十分です。日頃からの従業員へのBCP教育と併せて，定期的な訓練を実施することが不可欠です。

　「我が社にはBCPがある」と宣言していても，訓練を一度も行っていない会社がほとんどではないでしょうか？　この場合，決して「BCPがある」とは言えません。

　訓練はBCPで必須の要素であると理解してください。

　訓練の目的としては，主に以下のものがあげられます。

【BCP訓練の目的】

■策定したBCPの実効性を評価すること。

■各従業員のBCPに対する理解を深め，その活動に対して積極的に取り組むとともに，緊急事態発生時での各自の役割を明確に認識させること。

■訓練によって計画を実際に行ってみることにより，BCPの不備や欠陥等の改正すべき点を明らかにして，それらを改訂すること。

■従業員間での連携・協力を促すこと。

（出典）中小企業庁「BCP策定運用指針」ホームページより

　BCP 訓練を無理なく実行するとともに，社内に BCP を定着させていくためには，BCP 全体を通した訓練を初めから無理に行おうとするのではなく，現在実施している防災訓練に事業継続に資する要素を追加したり，BCP 発動手順の一部分を採り上げた訓練（要素訓練）を実施したりすることにより，従業員に着実に習得させていくことが望ましいでしょう。あまり無理することなく，自社でできるレベルの「**身の丈にあった BCP**」という位置付けで良いのです。

　訓練にはさまざまなレベルや種類がありますが，以下では，簡便かつ所要時間が少ないと考えられる順に，訓練項目を例示（（参考）中小企業庁ホームページより）します。

●机上訓練

　策定した BCP の手順に従って，議論形式でメンバー毎の役割を机上で確認し，実際に活動できるかどうか，漏れがないかを検討します。事前対策をより効果的なものにブラッシュアップするのに良い訓練と言えます。

●安否確認訓練

　携帯電話，携帯メール，LINE や SMS を駆使して<u>1 時間以内に従業員全員の安否を確認する</u>手順についての実効性を評価するための訓練です。

●代替施設への移動訓練

　平時の拠点が被災した場合，支店，営業所あるいは外部の組織の一室で業務を行うための準備を訓練で経験します。さらに，そこで半日でも業務を行ってみると，いろいろな問題点が見えてくるはずです。

●システムリカバリ訓練

　パソコンが破壊されて利用できなくなった場合に，代替機を用意しバックアップデータから復旧を行い，利用できるようになるための手順をマニュアルに従って実施してみます。

この訓練は災害時以外にも効果を発揮するはずです。

　会長の旅館の場合，フロントが利用できない場合を想定して，別室で仮設のフロント設備を設営する訓練を行うのも良いかもしれません。

　限られた資源（条件設定する）でチェックイン，チェックアウト業務，精算業務をどのように行うのかを体験すると，事前の準備の大切さが実感できると思います。

　実は，BCP訓練には2種類の大きな分類があります。「決められたことを確実にできるようにする訓練」と「やるべきことを柔軟に発想できるようにする訓練」です。上記で挙げた訓練は前者の分類のものですが，中小企業・小規模事業者が初めて取り組む際にはこのレベルで十分でしょう。

　後者の訓練はさまざまな条件を与えて，その時，その時に最善の判断をしてもらうという非常に高度な訓練で，企画を自社で行うには少しハードルが高いため，外部の専門サービスに依頼するケースが多いようです。訓練については，毎年，強靭化を進めるなかで少しずつレベルアップしていく進め方で良いと思います。

　いずれの訓練においても，手順は以下の3段階のステップで行います。

 ステップ1　訓練の計画
　今回の訓練の目的を設定し，実施に向けての準備を行います。
　条件設定が必要な場合，訓練企画側でそれを提示できるようなシナリオを設定します。

ステップ2　訓練の実施

　計画どおりに訓練を実施します。その際に，忘れていけないのは記録です。後から評価できるように必ず記録に残していきます。そのための仕組みは計画時に準備します。

 ステップ3　訓練の評価

　訓練終了後には，必ず，振返りを行い，反省点について意見交換を行います。

　また，改善点については更新の際にBCPに反映していくことにより，より実効性のあるものになっていきます。

【教育計画の記載例】

教育計画		
誰が？	何をする？	いつ？　もしくはどのくらいの頻度で？
社長	従業員に対して，BCPの進捗状況や問題点を説明する	毎年1回
支配人	従業員に対して，BCP訓練を実施する。	毎年1回
総務部長	各担当毎の事前対策の進捗会議を定例で開催し従業員へBCPを定着させていく。	毎月1回

2 BCP の見直し

BCP 文書の更新

　いよいよ BCP の策定も最終段階のお話です。年に１度，この１年間やってきた対策を評価し，実際に強靭化が進んだかどうかをチェックします。また，前年と変わっている内容ももちろんあると思いますので，それらについては更新します。

　１年経つと，いろいろ変わるな。人の出入りもあるし，取引先も変わるかもしれない。それらを反映して最新の状態を維持するということだな。

　そうです。その更新をいつ行うのか。これを BCP に明記しておくのです。企業は常に変化しているため，実効性のある BCP とするためには最新状態を維持することが必須です。

　BCP の内容を自社の現状に常に見合ったものとしておくために，必要に応じて更新を行い，最新状態を維持することが重要です。

　BCP の見直しは，例えば顧客管理や在庫管理等，日頃から会社が実施している経営管理の延長にあるものです。経営管理の結果，顧客状況や在庫状況等に大幅な変更があった場合，商品・サービスの変更・追加，生産ラ

インの組替え，人事異動等があった場合は，BCPの見直しを行う必要があるか検討し，その必要があればBCPに反映します。

　この更新は年に1度である必要はなく，随時反映していったほうが，より効果的な運用と言えるでしょう。

　1年の間に実施した対策の評価とともに，次年度に行う新たな事前対策を追加していきます。これは通常の年度単位の事業計画の一部として考え，投資する部分について予算化していくことになります。事業計画のレベルで考えないと，お金がかかることはすべて避けて通ることになり，強靭化の速度がなかなか加速しません。

　人材育成，設備投資については費用もかかるので，会社全体の事業計画の延長で併せて考えていくことにする。

　現在，実施している事前対策の進捗状況や問題点をチェックし，**実施した対策の成果を評価**します。併せて，現在できていないことを次に取り組む対策として優先順位を付けて検討します。

　例えば，人材育成（多能工化）については期間も要し，また，時には費用も発生しますが，BCPにかかわらず，会社全体にとっての効果があるため，計画的に育成することをおすすめします。

　また，設備投資については，もっと投資が必要になるかもしれません。政府の施策などを利用して税制優遇措置，補助金，低利融資などをうまく活用して推進していきましょう。

【BCP の見直しについての記載例】

　我が社では BCP の更新時期を以下とする。また，BCP の実効性を確保するため，以下の基準に基づき，BCP の見直しを行う。

BCP の更新時期：毎年３月（年１回更新）

BCP を見直す基準
毎年１回以上，事前対策の進捗状況や問題点をチェックし，必要に応じて BCP を見直す。
日頃の顧客管理，在庫管理，仕入先管理の結果に大幅な変更があった場合，商品・サービスの変更・追加，人事異動等があった場合は，BCP を見直す必要があるか検討を行い，その必要があれば即座にその変更を BCP に反映する。

（参考）中小企業庁「BCP 策定運用指針」ホームページより

ミッション10

　読者の皆様の会社でも教育計画と見直し
時期・基準については是非，盛り込んでください。
特に訓練について触れていないものは，
一般的にBCPとしては認められません。
検討した結果を巻末の書式6－1（200頁）
に記入してみましょう。

エピローグ

　さて，会長，以上でひととおり初期構築版としての BCP の策定は完了です。この BCP を添付して，今月中に，経済産業局へ「事業継続力強化計画の認定」の申請を行いましょう。

　1～2か月で結果が出て通知が来ます。

　いや，先生。この度は大変，世話になった。感謝している。

　いえいえ。会長が先陣を切って BCP 策定に取り組むことで，あとから続いてくる事業者が増え，地域全体として強靭化を実現できるなら，ご支援した側としては最高です。

　実は来年早々，当社は DX（デジタル・トランスフォーメーション）の推進を計画しているので，是非とも先生のご協力を頂きたい。

　了解しました。

　あっ，補助金をねらうなら，今回の認定は評価の際の加点になると思いますよ　＾＾）。

　これからも商工会と共に，「伴走型」でご支援をしてまいりますので，よろしくお願いします。

　これで，ひととおり，BCP の初期構築版の策定プロセスは終了です。巻末の書式に記載頂いたものを再度，見直し，**「我が社の BCP」**としてご活用ください。

　最後になりますが，BCP を運用することで，皆様の会社の強靱化が毎年，少しずつでも成長していくことを心より願っております。

巻末

BCPの書式

―テンプレート―

　本書の各章でミッションとして合計10個の課題を設定しています。このミッションは巻末の書式を埋めていくもので，これによって，BCPの初期構築版として完成します。なお，ここでとりあげるBCPの書式は中小企業庁の「中小企業BCP策定運用指針」をベースにしていますが，本書の構成に合わせてオリジナルの書式にしています。

書式ダウンロード

　ここで，ご紹介した書式（テンプレート）は以下のサイトよりダウンロードすることができます。読者の皆様のＢＣＰ策定の際にご活用ください。

URL : https://brainsone.com/bcp-template/

書式 0 - 1　表紙

会社名，事業者名を記載します

事業継続計画

作成年月日，改定年月日，改訂版を記載します

令和＿＿年＿＿月＿＿日 作成
令和＿＿年＿＿月＿＿日 改訂（第＿＿版）

書式0-2 改版履歴

版数	制定・改定年月日	内　容
第1版	令和XX年XX月XX日	新規制定

　当該，事業継続計画（BCP）については，平時において運用を行い，年に1回，見直しを行うものとする。運用では，事前対策の計画的な実施，訓練の実施，BCPに関する情報の従業員への定期的な周知等を行い，日常的・定期的にBCPの改善を図るマネジメントサイクルを意味する。

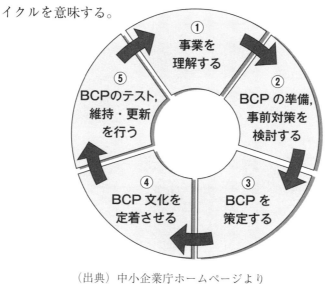

（出典）中小企業庁ホームページより

書式０－３ 目次

───── 目　次 ─────

1．目的と基本方針・・・・・・・・・・・・・・・・・・・・・・・・・・・・・・・・190

2．中核事業と目標復旧時間・・・・・・・・・・・・・・・・・・・・・・・191

3．中核事業に付随する重要業務・・・・・・・・・・・・・・・・192

4．重要業務に必要な経営資源・・・・・・・・・・・・・・・・・・193

5．自然災害の特定・・・・・・・・・・・・・・・・・・・・・・・・・・・・・・194

6．自然災害の自社への影響・・・・・・・・・・・・・・・・・・・・195

7．事前対策の実施・・・・・・・・・・・・・・・・・・・・・・・・・・・・・197

8．ＢＣＰ発動フロー・・・・・・・・・・・・・・・・・・・・・・・・・・198

9．緊急時の体制・・・・・・・・・・・・・・・・・・・・・・・・・・・・・・・199

10．教育計画と見直し・・・・・・・・・・・・・・・・・・・・・・・・・・200

書式1－1　1．目的と基本方針

1.　目的

　　本計画は，緊急事態（地震の発生等）においても，従業員及びその家族の安全を確保しながら自社の事業を継続することを目的として策定したものである。

2.　基本方針

　　我が社は，以下の基本方針に基づき，緊急時における事業継続に向けた対応を行う。

チェック	基本方針
☐	人命（従業員・顧客）の安全を守る
☐	自社の経営を維持する
☐	供給責任を果たし，顧客からの信用を守る
☐	従業員の雇用を守る
☐	地域経済の活力を守る
☐	

書式2−1　2．中核事業と目標復旧時間

我が社の事業継続を行うための，中核事業は以下とする。また，一時中断した，当該事業を再開するための目標の目処を目標復旧時間として設定する。

No.	中核事業	理　由	目標復旧時間
1			
2			
3			

注意）　中核事業の数により適宜，増減してご利用ください。

書式2-2　3．中核事業に付随する重要業務

我が社の中核事業に付随する業務は以下とする。
併せて業務の内容についても記載する。

【中核事業：　　　　　　　　　　　　　】

No.	重要業務	内　容
1		
2		
3		
4		
5		
6		
7		

注意）　中核事業の数により適宜，増減して1事業につき1ページで作成してください。

書式 2 - 3　4．重要業務に必要な経営資源

我が社の重要業務を遂行するうえで必要な経営資源は以下とする。
併せて当該資源が利用できない場合の代替策も記載する。

【重要業務：　　　　　　　　　　　】

経営資源	項　目	具体的内容	非常時の代替策
人			
物			
金			
情報			
インフラ			

注意）　重要業務の数により適宜，増減して1業務につき1ページで作成してください。

書式３−１　　５．自然災害の特定

我が社における事業中断のリスクのある自然災害は以下のとおりである。

No.	災害の種類	特定した理由
1		
2		
3		

参考）ハザードマップ

注意）　リスクのある自然災害の数により適宜，増減してご利用ください。

書式３－２　6．自然災害の自社への影響

・インフラへの影響
　我が社が所在する地域における，自然災害のインフラへの影響は以下のとおりである。

災害の種類：地震（震度５弱以上）

No.	種　類	想定される影響
1	ライフライン	
2	通信	
3	道路	
4	鉄道	

・自社への影響

　我が社が所在する地域における，自然災害の自社への影響は以下のとおりである。

災害の種類：地震（震度5弱以上）

No.	種　類	想定される影響
1	人	
2	情報	
3	物	
4	金	

注意）　地震以外のリスクがある場合，適宜，追加してご利用ください。

書式4－1　7．事前対策の実施

我が社の事業継続力強化に資する対策及び取組みは以下のとおりである。

【事前対策の記載例】

No.	分　類	対策（現状）	対策（今後の取組み）
1（人）	自然災害が発生した場合における人員体制の整備		
2（物）	事業継続力強化に資する設備、機器及び装置の導入		
3（情報）	事業活動を継続するための重要情報の保護		
4（金）	事業活動を継続するための資金の調達手段の確保		
5（その他）	事業活動を継続するためのその他の対策		

８．BCP発動フロー

我が社の事業継続力強化に資する対策及び取組みは以下のとおりである。

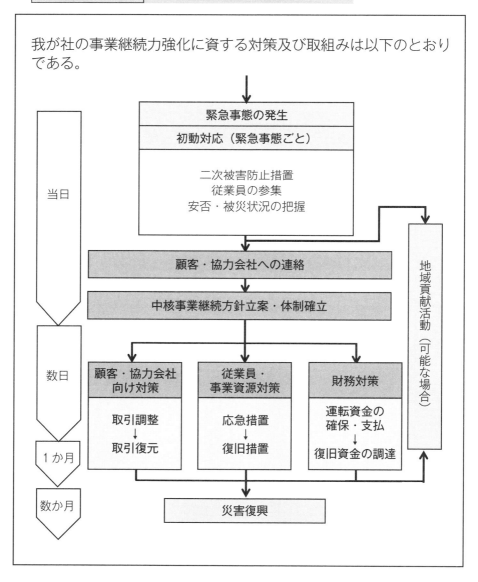

当日

緊急事態の発生

初動対応（緊急事態ごと）

二次被害防止措置
従業員の参集
安否・被災状況の把握

顧客・協力会社への連絡

中核事業継続方針立案・体制確立

数日

顧客・協力会社
向け対策

取引調整
↓
取引復元

従業員・
事業資源対策

応急措置
↓
復旧措置

財務対策

運転資金の
確保・支払
↓
復旧資金の調達

地域貢献活動（可能な場合）

１か月

数か月

災害復興

書式5－2　9．緊急時の体制

我が社の地震等の災害発生により，緊急事態となった際の統括責任者及び代理責任者は以下のとおりである。

統括責任者の役割	統括責任者	代理責任者①	代理責任者②
全社の対応に関する重要な意思決定及び指揮命令	社長		

我が社の地震等の災害発生により，災害対策本部立ち上げの場所と参集条件，メンバーは以下のとおりである。

災害対策本部となる場と参集条件	
拠点となる場所	
参集条件	
参集メンバー	
備考	

代替の対策本部の場所と参集条件	
代替となる場所	
参集条件	
参集メンバー	
備考	

書式6-1 10. 教育計画と見直し

BCPの重要性や進捗状況等を社内に周知するため，定期的に従業員に対して，以下の教育を実施する。

教育計画		
誰が？	何をする？	いつ？もしくはどのくらいの頻度で？
経営者	従業員に対して，BCPの進捗状況や問題点を説明する	毎年＿＿＿回
		毎年＿＿＿回
		毎年＿＿＿回

　我が社ではBCPの更新時期を以下とする。また，BCPの実効性を確保するため，以下の基準に基づき，BCPの見直しを行う。

BCPの更新時期：毎年　　　　月（年　　　回更新）

BCPを見直す基準

【著者紹介】

阿部　裕樹（あべ　ひろき）

札幌市在住（1964 年生まれ）IT コーディネータ・防災士。

有限会社ブレインズ・ワン代表取締役。星槎道都大学経営学部非常勤講師。

日頃は，中小企業・小規模事業者向けに IT 経営の普及と BCP 導入の専門家として活動し，セミナー・研修の講師，コンサルティングを精力的に行っている。北海道では数少ないＢＣＰ導入の専門家として支援実績も多数。「ＢＣＰは経営戦略」が持論。近年，中小企業大学校旭川校において，経営指導員向けのＢＣＰ研修も担当している。

著書『中小企業と小規模事業者の BCP 導入マニュアル』（中央経済社）
　　　『はじめよう Web 経営』（中央経済社）

中小企業と小規模事業者のBCP導入マニュアル（第2版）
事業継続計画策定ですべきことがわかる本

2020年3月10日　第1版第1刷発行
2023年3月1日　第2版第1刷発行

著　　者　　阿　部　裕　樹
発行者　　山　本　　　継
発行所　　㈱中央経済社
発売元　　㈱中央経済グループ
　　　　　パブリッシング

〒101-0051　東京都千代田区神田神保町1-31-2
電　話 03 (3293) 3371 (編集代表)
　　　 03 (3293) 3381 (営業代表)
https://www.chuokeizai.co.jp/
製版／㈲ イー・アール・シー
印刷／三 英 印 刷 ㈱
製本／㈲ 井 上 製 本 所

©2023
Printed in Japan